Le Bonheur est en vous

- Mon chemin spirituel -

Le Bonheur est en vous

- Mon chemin spirituel -

TINA TURNER
Avec Regula Curti et Taro Gold

Traduit de l'anglais (États-Unis)
par Janine Bisiaux

Je vous dédie ce livre...
En hommage à vos efforts invisibles
pour triompher de toutes les difficultés de la vie.

Première édition parue en décembre 2020 chez Atria Books, marque déposée de Simon & Schuster, Inc.

Photographies
Cahier photos : 1, 3, 4, 5 : Johnson Publishing Company Archive. Avec l'aimable autorisation de la Ford Foundation, J. Paul Getty Trust, John D. and Catherine T. MacArthur Foundation, Andrew W. Mellon Foundation, et la Smithsonian Institution ; 2, 8, 10: Carol Holladay ; 6, 7 : © 1981 Lynn Goldsmith ; 9 : Brian Lanker Archive ; 11 : Paul Warner/WireImages via Getty Images ; 12 : Tina Turner ; 13 : Xaver Walser/ Urs Gantner ; 14 : Xaver Walser/Taro Gold.
Extrait de « Let Go Let God », avec l'aimable autorisation d'Amy Sky et Olivia Newton-John.
Extrait de « Woodstock », avec l'aimable autorisation de Joni Mitchell
Toutes les images de la calligraphie japonaise avec l'aimable autorisation de Taro Gold

Introduction

Je suis toujours très touchée quand on me dit combien mon parcours peut être une source d'inspiration, étant donné les défis que j'ai relevés au cours de mes huit décennies sur cette Terre.

Survivante, je le suis par nature, mais j'ai eu de l'aide, et je ne parle pas de succès ou d'argent, bien que j'aie la chance d'avoir eu les deux. L'aide la plus précieuse à mon bien-être, ma joie et ma résilience ? Ma vie spirituelle.

Une grande déclaration, plus facile à dire qu'à expliquer. Mais avec ce livre, je souhaite partager l'histoire de mon cheminement spirituel.

J'ai toujours souhaité transmettre ma vision de la sagesse, en attendant le moment propice pour le faire, et une fois sûre de pouvoir en donner une vision authentique.

Ce moment est arrivé.

J'écris ces mots alors que nous sommes frappés par la pire pandémie depuis bien longtemps. Au cours de cette tragédie, nombre d'entre nous ont subi la perte d'êtres chers, tandis que d'autres ont perdu tous moyens de subsistance. C'est le cœur serré que je suis à vos côtés en ces temps incertains et troublés.

Même si par miracle vous êtes passé au travers des gouttes de cette calamité, nous savons tous que l'adversité n'épargne personne. Plus que jamais, il faut garder espoir, et transformer les obstacles en moteurs pour aller de l'avant.

Ces dix dernières années, j'ai beaucoup songé à l'adversité, confrontée à de graves problèmes de santé qui ont failli me tuer. J'ai eu tout le temps de faire le point sur ma vie et de me poser les questions qui fâchent.

Comment ai-je surmonté tous ces problèmes? Vous en connaissez peut-être la liste, qui est longue: l'enfance malheureuse, l'abandon, un mari abusif, une carrière en berne, la banqueroute, plus la disparition prématurée de membres de ma famille.

Tant d'éléments extérieurs sur lesquels je n'avais pas prise, mais j'ai eu une révélation qui a changé ma vie : je pouvais changer ma façon d'aborder ces défis. L'aide la plus précieuse nous vient de l'intérieur, et on trouve la paix lorsqu'on aspire à devenir meilleur. J'ai commencé ce travail à la trentaine, lorsque j'ai découvert la force de la spiritualité.

Spiritualité qui n'est pas liée à une religion ou une philosophie en particulier. Qui n'est la propriété d'aucune chapelle, ni d'aucun clergé. La spiritualité est un éveil personnel et une relation à la Terre Mère, source d'ouverture et de positivité.

Mon éveil remonte à un demi-siècle, avec l'étude et la pratique des enseignements bouddhistes. Cela faisait longtemps que je souhaitais partager l'histoire de cette facette la plus précieuse de mon existence. Cet ouvrage est ma recette d'un bonheur durable. L'occasion de détailler les vérités spirituelles apprises sur mon chemin improbable vers la joie, de l'enfance jusqu'à aujourd'hui.

Voici révélées mes aspirations les plus profondes, ce que la vie m'a enseigné, et d'antiques principes sacrés pour le bien de votre âme.

Ces confidences s'apparentent à des outils pour surmonter vos propres obstacles – même s'ils semblent aussi insurmontables que les miens –, pour réaliser vos rêves, et trouver enfin le bonheur. Ouvrez votre cœur et votre âme, faites vœu d'espoir, de courage et de compassion, et changez le monde en changeant de vie.

Tina Turner

3 mai 2020

1

L’accueil de la nature

Merci d'exister, exactement comme vous êtes. Merci pour la trame de vos expériences, qui vous ont mené à ces lignes écrites pour vous.

Merci d'ouvrir ce livre et de me donner la chance de partager les leçons spirituelles apprises depuis quatre-vingts ans.

J'ai la conviction que nous sommes tous nés avec une mission unique, un but que nous sommes seuls à pouvoir atteindre. Et tous liés par une responsabilité commune : aider à ce que notre grande famille humaine soit plus belle et heureuse.

Les premières leçons des rouages de l'univers, je les dois à mes expériences quotidiennes à Nutbush, Tennessee, la petite ville rurale où j'ai grandi. J'adorais être dehors, courir dans les champs, regarder les étoiles, passer du temps avec les animaux – domestiques et sauvages – et écouter les sons de la nature.

Même petite, je ressentais une force universelle invisible en arpentant ces vastes prairies. En phase avec la nature, j'ai appris à me fier à mon intuition, semblant toujours connaître le chemin du retour lorsque je me perdais, la meilleure branche d'un arbre pour se balancer, et où se cachait la mauvaise pierre dans le ruisseau.

J'ai appris à écouter mon cœur, ce qui m'a enseigné que nous sommes tous liés les uns aux autres, ainsi qu'à tout ce qui se passe sur cette planète. Unis par le mystère de la vie elle-même, de l'énergie créatrice fondamentale de l'univers.

Dans ce monde tumultueux, où les contradictions abondent, la beauté à couper le souffle réside souvent là où on ne l'attend pas. L'arc-en-ciel majestueux après l'orage. Le magnifique papillon après le terne cocon. Les plus belles fleurs de lotus qui s'épanouissent dans les boues épaisses et profondes.

Pourquoi pensez-vous que la vie fonctionne ainsi ?

Peut-être que ces arcs-en-ciel, ces papillons et ces fleurs de lotus sont là pour nous rappeler l'œuvre d'art mystique qu'est notre monde – une toile universelle où nous peignons tous notre histoire, jour après jour, par les coups de pinceau de nos pensées, mots et actions.

Même si je le ressentais instinctivement depuis l'enfance, ce n'est qu'à la trentaine que j'ai commencé à voir la vie de cette façon. J'ignore si la petite fille de neuf ans qui cueillait du coton à la main dans les champs du Tennessee rêvait d'un jour où, quarante ans plus tard, elle serrerait la main de la reine d'Angleterre. Pourtant, quelque part, ce rêve farfelu profondément enfoui a toujours été présent.

Qui aurait cru à un destin extraordinaire pour la petite fermière que j'étais, née au crépuscule de la Grande Dépression et à l'aube de la Seconde Guerre mondiale ? Et pourtant, mon parcours fut à l'image du lotus qui, contre toute attente, fleurit encore et toujours, chaque fois plus intense.

Peu importe où vous êtes né et qui sont vos parents, nous sommes tous le fruit de circonstances, avec une part d'obscurité et de lumière. Parfois, l'une prend le dessus sur l'autre. Mais je suis convaincue qu'un lien inextricable nous lie à nos ancêtres, que nous sommes campés sur les épaules de ceux qui nous ont précédés.

Je sais qu'affronter l'adversité n'est pas nécessairement une mauvaise chose. C'est ce que nous en faisons, la manière dont nous l'utilisons pour façonner notre avenir, qui en fin de compte détermine notre réussite et notre bonheur.

Plus la boue est épaisse, plus le lotus qui y fleurit est fort et s'élève haut dans le ciel vers le soleil. Il en va de même des êtres humains. J'en ai fait l'expérience et je sais que vous aussi en êtes capables.

Ma recette ? C'est précisément ce que je veux partager.

Mon village natal, Nutbush, est niché le long des routes bordées de chèvrefeuilles du comté de Haywood dans l'Ouest du Tennessee. Cette zone est demeurée aussi rurale que paisible, ses profondes racines religieuses intactes. Elle abrite la plus ancienne synagogue du Tennessee, construite en 1882, ainsi que là où ma famille a longtemps prié, l'église baptiste de Spring Hill et celle de Woodlawn, toutes deux fondées par un certain Hardin Smith, un esclave émancipé. Éduqué en secret par la femme d'un propriétaire de plantation, Hardin Smith devint un prédicateur respecté et fonda la congrégation qui deviendrait l'église baptiste de Woodlawn, où mon grand-père et mon père ont ensuite servi comme diacres.

Grâce à l'accent mis par le révérend Smith sur l'éducation, au début du xxe siècle, notre comté pouvait se targuer du taux d'alphabétisation le plus élevé de la population noire du Tennessee. J'ai fréquenté l'une des écoles fondées par le révérend Smith pour les enfants noirs : la Carver High School. Il a aussi permis aux musiciens et chanteurs noirs de se produire, jetant les bases d'une solide tradition musicale dans la région, dont j'ai ensuite bénéficié.

Je suis née à la fin de l'année 1939, dans un sous-sol sans fenêtre, reléguée à la maternité des femmes « de couleur » de l'hôpital du comté. Mes parents m'ont baptisée Anna Mae, mon unique patronyme jusqu'à l'âge adulte.

Mon père, Richard Bullock, s'occupait de la métairie d'une famille blanche : les Poindexter. Nous avions notre propre maison de quatre pièces et un terrain d'un hectare planté de légumes, à côté de la ferme des Poindexters.

Les Blancs accueillaient rarement les Noirs chez eux, mais ma sœur aînée, Alline, et moi étions souvent invitées à déguster de la limonade et autres petites douceurs chez les Poindexters. Cependant, lorsqu'ils accueillaient d'autres Blancs, nous savions que nous n'étions pas les bienvenues.

Le racisme était tout ce qu'il y a de plus banal, et comme de nombreux comtés du Sud au milieu du xxe siècle, le nôtre n'était pas à l'abri de la violence. Le dernier lynchage connu dans le Tennessee a eu lieu l'année qui a suivi ma naissance, non loin de chez nous.

Un certain Elbert Williams fut l'un des premiers organisateurs des droits civiques de notre région. En 1940, M. Williams a tenté d'inscrire les électeurs noirs – un droit qui nous avait été refusé trop longtemps. Cet acte de bravoure, il l'a payé de sa vie. Par une sinistre nuit, il a été enlevé par un shérif blanc et ses sbires, avant d'être assassiné.

Ce meurtre a annihilé toute velléité du mouvement des droits civiques dans notre comté pendant deux décennies.

J'ai parfois croisé ce shérif, toujours en service malgré ses crimes, dont on ne parlait pas. Ces sujets n'avaient tout simplement pas voix au chapitre. Un calme fragile régnait parmi les citoyens du comté de Haywood victimes de la ségrégation, et personne ne voulait le déranger.

Même si le racisme était endémique, j'avais d'autres soucis, et en particulier le fait que mes parents ne pouvaient pas se supporter. Ils passaient leur temps à se crêper le chignon, enfermés dans une lutte sans espoir ni vainqueur. L'ombre de leur malheur a plané sur mon enfance.

Les préjugés forgent une chaîne
de malheur sans fin.

Lena Horne

« Aime ton prochain »
est un précepte qui pourrait transformer
le monde s'il était universellement accepté.

Mary Mcleod Bethune

Si ma mère, Zelma, était affectueuse avec ma sœur, je n'avais pas la chance d'être logée à la même enseigne. J'étais l'enfant qu'elle n'avait jamais désirée ; un fardeau bien lourd pour une petite fille.

Mes parents ont bien tenté de quitter Nutbush plusieurs fois, espérant qu'un changement de décor serait synonyme de nouveau départ, laissant leurs jeunes filles derrière eux. J'avais à peine trois ans lorsqu'ils sont partis travailler sur une base militaire à Knoxville, à plus de 500 kilomètres. Nous n'avions pas le téléphone et donc aucun contact avec eux pendant leur absence. Je les aurais sentis plus proches sur la lune, car la lune, je pouvais au moins la voir.

Si ma mère m'a toujours tenue à distance, sa branche de la famille se montrait chaleureuse et attentionnée. J'adorais Mama Georgie, ma grand-mère qui aimait tant s'amuser, et ma cousine Margaret, qui avait trois ans de plus que moi. Margaret est devenue mon premier mentor, ma meilleure amie et mon âme sœur, et d'une certaine manière, une figure maternelle – ayant avec moi « la conversation » alors que j'entrais dans l'adolescence.

Quand ils sont partis, mes parents ont envoyé Alline vivre avec Mama Georgie, tandis que j'étais confiée à mes grands-parents paternels, Mama Roxanna et Papa Alex, de strictes et austères grenouilles de bénitier. Une authentique torture pour la petite fille enjouée que j'étais. J'aimais courir la campagne les cheveux au vent, chahuter dans les champs avec mes copines et danser à la maison. Un foyer où la fillette remuante que j'étais devait se tenir à carreau.

Mama Roxanna m'obligeait à assister à la messe, et la chaleur étouffante de l'église – qui n'était évidemment pas climatisée – ne faisait qu'aggraver mon manque d'enthousiasme. Je ne comprenais pas pourquoi tout ce beau monde se mettait sur son trente-et-un pour s'asseoir dans ce four et écouter des prêches. J'avais l'impression que le pasteur parlait chinois, personne ne se donnant la peine d'expliquer les sermons aux enfants. Assise là en sueur, cet exercice m'apparaissait comme le summum de l'ennui.

Un jour, nous avons enfin pu rendre visite à nos parents à Knoxville. Durant ce séjour, nous avons fréquenté une église pentecôtiste, une expérience radicalement différente de notre silencieuse chapelle baptiste. La « sainte » église pouvait s'embraser et je ne boudais pas mon plaisir. Parfois, les fidèles « recevaient l'Esprit saint » et ils se mettaient alors à chanter et danser dans les allées. Enfin de l'action ! Je m'y retrouvais et rejoignais cette joyeuse cohorte.

Une fois, emportée par mon élan, j'en perdis ma jupe. Certains entraient en transe, victimes de convulsions. Je me disais qu'ils poussaient le bouchon un peu loin. Et même si cette expérience pentecôtiste ne m'a pas beaucoup plus marquée que les offices baptistes plus feutrés, c'était un véritable spectacle. Et amusant avec ça !

De retour chez mes grands-parents, l'école baptiste est devenue une obligation dominicale. C'était agréable car nous nous retrouvions entre bambins. Et lorsque j'ai enfin pu intégrer la chorale, j'ai vraiment eu le sentiment d'être à ma place. À huit ou neuf ans, j'étais la plus jeune chanteuse parmi tous ces adolescents. Mais j'avais déjà la voix la plus marquante de la chorale et j'étais souvent choisie pour les solos. Comme nous n'avions pas le téléphone, j'avais appris à chanter sans forcer sur mes cordes vocales, ce qui m'a permis de travailler ma voix et m'a été utile plus tard dans l'existence.

Mes parents étaient revenus à Nutbush alors que j'avais cinq ans, enfin libérée de l'ambiance étouffante régnant chez mes grands-parents. Mais ce n'était pas beaucoup plus réjouissant à la maison, mes géniteurs continuant de se battre bec et ongles.

Dès qu'ils lançaient les hostilités, je détalais pour trouver un havre de paix. Assise au bord d'un ruisseau, j'observais les libellules planer au-dessus de l'eau, effleurer la surface afin d'étancher leur soif et disparaître aussi vite qu'elles étaient apparues.

Je rêvais d'avoir moi aussi des ailes pour voler vers des cieux plus heureux et un foyer exempt de conflits où je serais aimée pour ce que j'étais.

Mais ce n'était qu'un rêve. Alors que j'avais onze ans, ma mère a définitivement claqué la porte. Elle a déménagé à Saint-Louis et ne m'a jamais envoyé une seule lettre. Silence radio absolu. Chaque jour, je guettais le facteur, espérant un signe. En vain. Je ne l'ai plus revue jusqu'aux funérailles de Mama Georgie, cinq ans plus tard.

J'avais à peine treize ans lorsque mon père a lui aussi déserté nos pénates, destination Detroit.

Recueille-toi chaque jour et trouve
la force intérieure afin que le monde
n'éteigne pas ta flamme.

Katherine Dunham

Nous avons tous un don,
même celui d'être un ami fidèle.

Marian Anderson

Au début, mon père a fait un effort pour rester en contact et envoyait parfois un peu d'argent pour aider mes proches à prendre soin de moi. Mais il n'est jamais revenu. J'étais une enfant sans parents et sans véritable foyer.

Heureusement, j'avais ma cousine Margaret.

Nous étions mutuellement le double et le refuge l'une de l'autre, partageant nos rêves et nos secrets.

Quand j'avais quatorze ans, elle m'a confessé qu'elle était enceinte. J'étais troublée, car Margaret était très prudente. À dix-sept ans, les garçons ne semblaient pas être sa priorité, et son plus grand rêve était d'aller à l'université.

Selon elle, un bébé n'était pas compatible avec des études et elle était déterminée à mettre un terme à cette grossesse. Ne sachant pas comment s'y prendre, elle a essayé des potions maison, telles que boire une décoction au poivre noir. En vain. Seul résultat notable : des maux d'estomac et une haleine à l'avenant.

Fin janvier 1954, une semaine seulement après m'avoir révélé son secret, Margaret est morte dans un terrible accident de voiture.

Je n'arrivais pas à y croire. Pas ma Margaret. Mon étoile. J'étais dévastée. Perdue. Seule.

Avant le décès de Margaret, je n'avais pas beaucoup songé à la mort. J'étais bien allée à l'enterrement de Papa

Alex à onze ans, mais honnêtement, dans son cercueil, il semblait paisiblement assoupi.

La perte de Margaret fut très différente. Un coup de massue comme je n'en avais jamais connu.

J'avais été témoin du cycle de la vie et de la mort dans la nature, où plantes et animaux apparaissaient et s'en allaient à leur rythme.

Et j'avais entendu parler de décès, de jeunes et moins jeunes emportés dans toutes sortes de circonstances. Mais là, c'était beaucoup plus personnel.

Après la mort de Margaret, il a été question de la volonté de Dieu. Notre communauté était profondément baptiste : c'était une réponse naturelle à cette tragédie, dont avaient été victimes d'autres jeunes gens, y compris ma demi-sœur Evelyn (issue d'un premier lit de ma mère). Songeant aux mystères de la vie et de la mort, le concept d'une force universelle sous-jacente ne me posait pas de problème particulier. Mais l'idée d'un vieil homme blanc et barbu surveillant les activités terrestres depuis les cieux me semblait plus que douteuse, voire parfaitement irréelle.

Il m'était alors impossible de verbaliser l'idée que je me faisais de Dieu, les mots me manquaient. Mais aussi loin que je m'en souvienne, j'ai toujours su que je portais en moi l'expérience de la « piété » de Mère Nature. Une petite voix me murmurait que Dieu était dans mon cœur, même si j'étais en décalage avec les croyances et la pratique familiales. J'aurais voulu qu'ils soient plus en accord avec ce qu'ils prêchaient et mènent une existence plus positive.

La disparition de Margaret fut un déclic : il fallait que je trouve ma propre voie pour avancer et construire mon chemin vers le bonheur.

Je passais beaucoup de temps dehors, où je parvenais à réfléchir en paix. La nature était le seul endroit où je me sentais bien et où j'éprouvais un sentiment d'appartenance - la véritable maison de mon enfance. Que ce soit assise dans le jardin la nuit, les yeux rivés vers les étoiles ou allongée à midi et l'ombre d'un tulipier cerné de papillons, je sentais le pouvoir salvateur de l'amour partout dans la nature, et je m'en imprégnais.

Ma situation familiale bancale ne m'empêchait pas de profiter de la vie. À cette époque, Nutbush, avec d'autres coins au nord de Memphis, représentait la Mecque des musiciens de gospel, de blues et de jazz. Ils se produisaient dans nos églises, cafés et autres bouis-bouis et ont été mes premières influences. J'aimais écouter tout type de musique et ne manquais jamais une occasion d'assouvir cette passion. Nous n'avions pas de tourne-disque, mais notre poste de radio me suffisait.

Je chantais avec la chorale de l'église et occasionnellement avec Bootsie Whitelow et son très populaire *String Band*. Au lycée, mon professeur de musique m'a initiée à l'opéra. Et j'avais d'autres centres d'intérêt : j'excellais en athlétisme, au basket-ball et en pom-pom girl.

Mais rien ne me réjouissait plus que le cinéma. Et dès que j'avais le privilège de me retrouver dans une salle obscure, je mémorisais des scènes entières pour les rejouer à mes proches une fois rentrée à la maison. Après avoir vu

Les Filles du docteur March, j'ai improvisé la scène où Jo et Amy (interprétées par June Allyson et Elizabeth Taylor) font semblant de s'évanouir. Je fus tellement convaincante en tombant que ma sœur a vraiment cru que j'étais dans les vapes !

Le septième art m'aidait bien souvent à traverser les moments difficiles. Lorsque je travaillais dans les champs, à cueillir le coton ou des fraises sous un soleil de plomb, j'imaginais un paradis lointain où je mènerais la même vie que ces stars idolâtrées. Je n'avais pas la moindre idée d'où se trouvait ce « Hollywood » - lieu magique s'il en était - mais, au fond de moi, je savais que mon destin était ailleurs qu'à la ferme. Même à l'époque, et malgré ma condition, j'étais convaincue qu'un jour je trouverais le moyen de tracer ma route dans le vaste monde.

Cet été passé à Knoxville alors que j'avais cinq ans m'en avait donné un avant-goût - un univers fait d'imposants bâtiments en brique, séparés par de larges avenues bordées de vitrines étincelantes. Et onze ans plus tard, quand, à la mort de Mama Georgie, j'ai rejoint ma mère à Saint Louis, une toute nouvelle vie s'est offerte à moi.

N'ayant encore jamais vécu dans une grande ville, je me sentais comme une étrangère. Mais comme j'avais toujours eu l'impression de l'être dans ma propre famille, je me suis vite adaptée. À dix-sept ans, au Club Manhattan, une boîte aussi animée qu'enfumée, j'ai rencontré deux hommes qui allaient jouer un rôle important dans ma vie.

Le premier était Raymond Hill, un saxophoniste de talent avec lequel j'ai eu une brève histoire d'amour. Il est le père de mon fils Craig. Et Ike Turner, musicien et chef d'orchestre, célèbre pour sa chanson révolutionnaire, *Rocket 88*.

Ike m'avait repérée et m'a proposé de chanter avec son groupe. Il est devenu mon mentor et il a lancé ma carrière musicale. J'étais ravie d'être là, une adolescente sur scène qui chantait à pleins poumons en habit de lumière. Jamais je n'aurais imaginé que ce genre de carrière était possible pour moi. Un rêve devenu réalité, jusqu'à la désillusion.

Malgré moi, j'ai épousé Ike. La meilleure chose que notre relation ait produite a été mon deuxième fils, Ronnie. Nous avons également élevé ses deux garçons issus d'un premier mariage, Ike Jr. et Michael. C'est ainsi que je me suis retrouvée mère de quatre enfants, alors que je n'avais pas encore compris comment être adulte moi-même.

Vivre avec Ike n'a pas été un long fleuve tranquille. Au début de notre relation et malgré mes protestations, il m'a rebaptisée Tina Turner.
Ensuite, au cours de notre difficile ascension vers la célébrité dans les années 1960 sous le nom d'*Ike & Tina Turner Revue*, j'ai subi des violences conjugales, autant psychologiques que physiques. Lèvres fendues, yeux au beurre noir, articulations en miettes, os cassés et tortures mentales sont devenus mon lot quotidien. J'ai apprivoisé la souffrance tout en essayant de rester saine d'esprit et de gérer tant bien que mal la folie d'Ike. Mais je sentais bien que c'était une impasse.

Au milieu des années 1960, certaines de nos chansons ont connu un immense succès, et *River Deep, Mountain High*, produite par Phil Spector en 1966, a fait un tabac au Royaume-Uni et en Europe. Grâce à ce titre, les Rolling Stones nous ont invités en tournée à l'étranger avec eux à l'automne 1966, un autre rêve devenu réalité.

Une fois rentrés aux États-Unis, la vie avec Ike a empiré. La pression pour produire toujours plus de tubes augmentait son sentiment d'insécurité tout en alimentant sa dépendance à la drogue, rendant ses accès de violence plus fréquents.

J'ai commencé à perdre espoir.

En 1968, plus déprimée et découragée que jamais, j'ai failli perdre les pédales. Les abus et les infidélités d'Ike avaient presque eu raison de moi et je me sentais à peine vivante. La seule chose que je savais: j'étais arrivée au bout. Un soir, avant de monter sur scène, j'ai tenté de me suicider, en avalant cinquante somnifères. En coulisses, l'équipe a remarqué que j'avais un sérieux problème avant de me transporter d'urgence à l'hôpital, ce qui m'a sauvé la vie.

Quand je me suis réveillée et que j'ai réalisé que j'étais encore en vie, j'étais franchement déçue. Je pensais que la mort était ma seule échappatoire. Mais je suis une battante. Et cela faisait près de vingt-neuf ans que j'avais toujours trouvé un moyen de me relever et d'avancer, malgré les épreuves de l'existence. Je venais de découvrir mon mantra avant même de savoir ce qu'était un mantra: « Je vais avancer. »

J'ai alors tenté de m'extraire du désespoir du mieux que j'ai pu. Si c'était mon destin, il fallait que j'en tire le meilleur parti possible. Je me suis dit que si j'avais survécu, c'était peut-être pour une bonne raison, dans un but qui me dépassait. À partir de cet instant, quelles que soient les épreuves de l'existence, mon instinct et mon cœur m'ont commandé de continuer à avancer.

Dans quelle direction ? Ce n'était pas encore très clair.

Ne sous-estimez jamais le pouvoir des rêves,
et l'influence de l'esprit humain...
En chacun de nous réside
un potentiel de grandeur.

Wilma Rudolph

Quand vous ne savez pas où aller,
et que votre cœur ne vous guide
pas vers la maison,
laissez-vous aller et laissez Dieu...
Nam-myoho-renge-kyo,
Nam-myoho-renge-kyo,
Nam-myoho-renge-kyo.

Olivia Newton-John – LET GO LET GOD

Le début des années 1970 fut une période difficile, tant sur le plan personnel que professionnel. Cela faisait un bail que nous n'avions pas connu de succès significatif, et j'ai alors décidé d'y remédier. Je voulais écrire une chanson. J'avais aidé un auteur qui travaillait pour nous, et je me suis dit que s'il en était capable, alors moi aussi.

J'avais souvent entendu des paroliers affirmer: « Il faut écrire d'expérience. » Suivant ce conseil, j'ai accouché en 1973 d'un morceau intitulé *Nutbush City Limits*. Ma toute première composition racontait mon lieu de naissance et ce fut un succès, surtout en Europe. En plus de nous tirer d'une mauvaise passe financière, j'étais aux anges de savoir que j'étais capable de quelque chose de créatif. Mais les enfants et moi vivions un enfer à la maison, sans cesse à la merci de l'humeur d'Ike.

J'étais épuisée par des abus qu'il devenait de plus en plus difficile de cacher à mon entourage. Mes proches se rendaient bien compte du problème et, en privé, ils abordaient parfois le sujet, en me glissant des choses comme: « J'espère que tu prends soin de toi ». Mais je savais que c'était une façon de me dire: « Mais pourquoi tu ne fuis pas cette galère ? »

Un jour, notre ingénieur du son m'a lâché: « Tina, tu devrais essayer de pratiquer[1]. Ça t'aiderait à changer de vie. »

Pratiquer, je ne savais pas exactement ce que c'était, et je n'ai pas demandé d'explication. Un truc de hippies ? Je suis vite passée à autre chose.

---

1. Dans le bouddhisme de Nichiren, « pratiquer » consiste à réciter « Nam-myoho-renge-kyo ». En anglais, le terme utilisé est *chanting*.

Quelques mois plus tard, mon plus jeune fils, Ronnie, est rentré à la maison avec ce qui ressemblait à un chapelet en bois laqué. Tout excité, il s'est écrié : « Maman, ce sont des perles bouddhistes. Si tu récites *Nam-myoho-renge-kyo*, alors tu peux obtenir tout ce que tu veux. »

Pardon ? Comment est-ce que je pourrais avoir tout ce que je veux ? Je ne savais même pas comment comprendre cette phrase.

« C'est mystique, mais tout a un sens, m'a-t-il assuré. Je ne peux pas l'expliquer. Mais allons à la réunion en haut de la rue et tâchons d'en savoir plus. »

En d'autres circonstances, j'aurais pu y aller. Mais à ce moment-là, j'étais prisonnière dans ma propre maison ; je ne pouvais sortir nulle part sans la permission d'Ike. Je n'avais le droit de me balader seule que pour aller faire des courses ou rejoindre le studio d'enregistrement. J'ai donc dit à Ronnie qu'il pouvait inviter les bouddhistes chez nous, mais que je ne pouvais pas me rendre chez eux. C'était mon deuxième contact avec la pratique, mais fin de l'histoire pour le moment.

Quelques semaines plus tard, Ike est rentré à la maison avec une femme ravie à l'idée de me rencontrer. Il ne manquait jamais une occasion de se faire mousser, et c'était le défilé de gens venus « voir Tina ». Sortie de nulle part, elle s'est mise à parler de la pratique de *Nam-myoho-renge-kyo*. Elle était bouddhiste.

Il faut croire que l'univers essayait de toutes ses forces de me faire passer un message important. Et cette fois, j'étais prête à l'écouter.

2

Nos mondes intérieurs

C'était une journée aussi belle que banale en Californie du Sud : une carte postale, ciel bleu et soleil radieux. Mais pour moi, elle n'avait rien de banal, car j'entendais parler de cette récitation de *Nam-myoho-renge-kyo* pour la troisième fois en trois mois, et je n'arrêtais pas d'y penser.

En 1973, j'approchais de mon trente-quatrième anniversaire et je faisais de mon mieux pour élever quatre adolescents au caractère bien trempé, tout en gérant mon lot de problèmes personnels et professionnels. Et si j'étais au-delà de stressée, je gardais toute la pression en moi. Les temps avaient beau être durs, je ne perdais pas espoir.

J'avais trop vécu pour croire à une coïncidence. Je suis convaincue que les situations dans lesquelles nous nous retrouvons, bonnes ou mauvaises, arrivent toujours pour une raison, même si cette dernière nous échappe. Cela ne m'empêchait pas de me demander pourquoi j'avais à subir des abus alors que je n'avais rien fait pour les mériter. Du moins, pas dans cette vie.

Je m'étais toujours efforcée d'être quelqu'un de bien. Et s'il y avait une justice en ce bas monde, j'espérais pour moi une petite éclaircie. Mon heure avait peut-être sonné. Trois personnes qui ne se connaissaient absolument pas m'avaient donné le même conseil : « Découvre la sagesse bouddhiste et commence à réciter Nam-myoho-renge kyo. »

J'ai senti que ce message m'était parvenu pour une bonne raison.

Tout ce que je désirais, c'était un moyen de changer de vie. Même une infime amélioration serait un soulagement.

Je dois essayer, me suis-je dit.

J'ai commencé par lire les ouvrages de Daisaku Ikeda, un véritable maître en matière de pratique bouddhiste. Si je n'avais pas particulièrement brillé au cours de mes études, j'étais restée curieuse et j'ai toujours aimé apprendre. En grandissant, la lecture m'était devenue vitale, les livres étant synonymes de nouveaux horizons : de l'histoire de la mode à celle de l'Égypte ancienne, en passant par les sciences ou la politique.

Les écrits de Daisaku Ikeda m'ont transportée à une époque mystique de l'Inde ancienne où j'ai découvert le concept des dix mondes, ou dix états.

Principe pratique de la sagesse bouddhiste, dont les origines remontent à près de trois mille ans, le concept des dix états décrit dix catégories de nos « états de vie » – nos humeurs, pensées et état d'esprit général en constante évolution – qui influencent grandement nos émotions, nos actions et notre vision de nous-même et des autres.

Ces dix « états » sont des états que nous vivons tous intérieurement, et vont du pire au meilleur des comportements humains. Le plus bas, lorsqu'il est ignoré ou incontrôlé, peut conduire à des habitudes qui nous enferment dans des schémas malsains. Et c'est certainement ce qui m'est arrivé.

Lorsque j'en ai pris conscience, j'ai identifié ce qui me barrait la route, notamment la faible estime que j'avais de moi-même, la codépendance et le fait de laisser à d'autres le soin de prendre des décisions à ma place. Si je réussissais à distinguer plus clairement ces facettes de ma personnalité, je pourrais progressivement les changer, m'ouvrant ainsi le chemin d'un bonheur durable.

Pour illustrer les dix états, petit retour en arrière. Avance rapide de 1973, date à laquelle j'ai commencé à découvrir le bouddhisme, à un dimanche matin de 1977. Quelques années après avoir commencé à pratiquer, la première en tant que femme célibataire et indépendante.

Comme tous ceux qui me connaissent bien peuvent en attester, j'adore dormir. Après ces années de tournées, j'étais devenue un oiseau de nuit et j'aimais me lever assez tard le matin.

Ce dimanche de 1977 ne faisait pas exception.

Personne ne peut déterminer
ta valeur
sauf toi.

Pearl Bailey

Le défi n'est pas d'être parfait.
C'est d'être entier.

Jane Fonda

Nous ne voyons pas les choses
telles qu'elles sont,
Nous les voyons telles que nous sommes.

Anaïs Nin

Endormie dans mon lit, je suis réveillée par le son horripilant du réveil en me demandant : *Mais pourquoi je l'ai mis aujourd'hui ? R.A.S, on est dimanche.*

L'œil mi-clos, je l'arrête et retombe dans les bras de Morphée. Avant d'être rattrapée par la réalité : nous sommes en réalité lundi et je suis en retard pour l'enregistrement d'une émission de télévision avec Cher.

Je me débarbouille, me parfume et enfile mes vêtements de la veille. Mon estomac crie famine et j'attrape une pomme avant de détaler.

Bloquée dans les embouteillages, je commence à m'énerver. J'allume la radio, dans l'espoir d'y trouver un peu de réconfort, et la magnifique ballade de Barbra Streisand *Evergreen* m'apaise instantanément.

J'arrive dans les locaux de CBS en retard, ce qui ne me ressemble pas, et m'estime heureuse que personne ne me fasse de remarque. Tout le monde semble content de me voir. Ma gêne s'estompe lorsque notre brillant costumier, Bob Mackie, me montre la création que je dois porter pour l'émission. Cela faisait des années que j'en rêvais, et je suis ravie que mon vœu ait été exaucé.

Les répétitions sont une promenade de santé, Cher et moi passons toujours de bons moments ensemble. Après avoir mangé un morceau au marché du coin, je me mets en route pour aller retrouver des amis et pratiquer avec eux.

Bien plus heureuse que le matin même au réveil, je me délecte au volant de ma Jaguar XKE décapotable, une auto que je chéris.

À ma grande surprise, un policier m'arrête. N'ayant pas l'impression d'avoir malmené le code de la route, je suis légèrement nerveuse. Consciente des bavures policières, j'essaie de ne rien laisser paraître.

Le policier me demande poliment : « Comment ça va aujourd'hui, M'dame ? » Je lui réponds que je vais bien et que je suis en route pour une réunion bouddhiste. Son expression trahit sa surprise. « Vous êtes si pressée que ça ? lâche-t-il. Parce que vous venez de griller un stop. »

Il s'avère que je suis rattrapée par ma fâcheuse habitude du « stop à la californienne » qui consiste à ne pas s'immobiliser complètement au panneau.

Je lui présente mes excuses, lui explique que je ne suis pas une as du volant et qu'un drame familial récent me perturbe. L'agent me sermonne : il faut toujours marquer l'arrêt aux panneaux stop et aux feux rouges. Puis il me laisse repartir avec un simple avertissement.

Conduisant beaucoup plus prudemment, j'écoute une fascinante interview du scientifique Carl Sagan. J'apprends quantité de choses que j'ignorais sur l'univers, ce qui m'amène à réfléchir à ma place dans le monde.

Alors que je m'apprête à tourner près d'une maison de retraite, j'aperçois une femme âgée dont le sourire me rappelle celui de ma grand-mère adorée, Mama Georgie. Je prends alors la résolution de consacrer plus de temps au bien-être de mon prochain, comme elle me l'avait appris.

Merci, Mama Georgie, me dis-je en lui destinant une affectueuse prière.

Pourquoi est-ce que je vous raconte en détail cette journée apparemment insignifiante à Los Angeles ? Parce qu'en même temps que moi, vous venez de traverser huit des dix états : nous sommes allés de la « colère » à l'état de « bodhisattva ».

Depuis des temps très anciens, les dix états de vie sont, du plus bas au plus haut : l'enfer, l'avidité, l'animalité, la colère, l'humanité, le bonheur temporaire, l'étude, l'éveil pour soi ou absorption, l'état de bodhisattva et l'état de Bouddha.

Les quatre premiers peuvent se résumer ainsi : la souffrance ou le règne du désespoir destructeur (l'enfer) ; le fait d'être esclave de désirs insatiables (l'avidité) ; l'influence des comportements instinctifs (l'animalité) ; et l'attachement à l'ego, dominé par les conflits et l'arrogance (la colère).

Les cinquième et sixième états sont le calme relatif (l'humanité) et la joie euphorique liée au plaisir (le bonheur temporaire).

Ces six états forment les « Six voies », allant de l'enfer au bonheur temporaire. Considérées comme les voies inférieures, elles sont communes à tous les êtres humains et se manifestent spontanément en réaction aux conditions extérieures : de façon naturelle, la souffrance appelle l'état d'enfer, le manque appelle l'avidité, des conditions favorables appellent le bonheur temporaire, etc. Toute satisfaction ne dure donc pas longtemps.

En revanche, les quatre dernières voies demandent des efforts délibérés pour se manifester. Mais les bénéfices en sont durables.

Dans les textes bouddhistes, elles sont souvent appelées les quatre nobles voies.

D'abord, l'état d'étude, marqué par la soif de comprendre, et l'éveil pour soi ou absorption. Ces deux états sont parfois désignés comme « deux véhicules », car ils conduisent tous deux à un certain éveil à la vérité. Mais partiel et imparfait, et qui ne suffit pas au bonheur véritable. Bien que ces deux véhicules soient indispensables (car c'est en eux qu'une personne conçoit l'aspiration à l'éveil), ils représentent aussi le danger de l'orgueil et du repli sur soi.

Puis les deux voies les plus élevées.

L'état de bodhisattva se caractérise par la compassion, l'altruisme, l'aspiration à l'illumination tout en aidant son prochain à faire de même.

Enfin, l'état de Bouddha, un état de plénitude et de parfaite liberté intérieure dans lequel on savoure un sentiment d'unité avec la force vitale universelle. Pour une personne dans cet état, tout – y compris la maladie, la vieillesse et la mort – peut être vécu comme une possibilité d'accomplissement. Je crois que cet état indestructible s'apparente à un diamant, et que nous possédons tous ce trésor enfoui dans notre cœur. Il déborde d'une compassion sans borne, d'une sagesse infinie et d'un courage inébranlable.

Nous pouvons tous manifester l'un de ces dix états et, aspect essentiel de la compréhension des dix mondes, chaque état contient les neuf autres.

Comme le montre cette journée mémorable en 1977, nous passons sans cesse d'un état de vie (ou monde) à un autre, et en traversons de nombreux en moins de vingt-quatre heures. Nous sommes sans cesse confrontés à l'un de ces états, et ses qualités propres se reflètent dans tous les domaines de notre vie.

En grandissant, je n'avais pas conscience de l'existence de l'état de Bouddha. Pendant mon enfance, mon environnement familial se résumait aux quatre ou cinq mondes inférieurs. Il m'arrivait parfois de faire une incursion du côté du bonheur temporaire : au cinéma ou quand je rendais visite à Mama Georgie.

Les éléments extérieurs ne sont que
des accessoires ;
tout ce dont nous avons besoin est en nous.

Etty Hillesum

Se connaître soi-même
est le début de toute sagesse

Aristote

L'esprit est son propre lieu, et en lui-même
il peut faire un Paradis de l'Enfer,
et un Enfer du Paradis.

John Milton

Adolescente, j'ai accepté un emploi chez les Henderson, une gentille famille de jeunes Blancs, l'exemple même d'un foyer heureux. Pour la première fois, je voyais ce que pouvait être un état de vie supérieur. J'ai ressenti leur compassion et leur désir de m'aider à la façon dont ils m'ont appris les bonnes manières et m'ont expliqué le monde hors du Tennessee. Grâce aux Henderson, j'ai observé l'état de bodhisattva, et j'ai aspiré à la positivité de leur existence.

Même si je prenais conscience que des états de vie supérieurs étaient possibles, je ne savais comment les atteindre. Je n'avais pas encore trouvé le moyen de transformer ma vie.

Mais ces précieux souvenirs me firent office de boussole. Plus tard, j'ai été aide-soignante. Et laissez-moi vous dire que s'il y a un bien endroit sur Terre où les dix états de vie se manifestent en même temps, c'est à l'hôpital. Certains y vivent de véritables urgences, mais on y croise aussi des hypocondriaques, des donneurs de sang, des chercheurs, des nouveau-nés et des familles venues faire leurs adieux à leurs proches. Cette expérience m'a ouvert l'esprit.

Maintenant que l'éventail des états de vie n'a plus de secret pour vous, revenons à ce fameux jour de 1977, mais cette fois à travers le prisme des dix états.

Au chaud, endormie dans mon lit, je suis dans l'état d'humanité.

Quand le réveil sonne, réflexe instinctif et peut-être peur passagère, l'animalité se manifeste. L'idée que je suis en sécurité et que je peux me rendormir est un bonheur temporaire, bientôt anéanti lorsque je réalise qu'on est lundi. L'incrédulité se transforme en colère, car je me reproche d'avoir trop dormi.

Vous pourriez interpréter ma sensation de faim comme de l'avidité, mais il s'agit plutôt d'animalité, puisque c'est instinctif, contrairement à l'avidité liée à nos désirs.

Les embouteillages font resurgir la colère, mais la musique apaisante m'aide à retrouver l'humanité.

La réalisation d'un désir ancien (l'avidité), ce magnifique costume de Bob Mackie, me fait entrevoir le bonheur temporaire.

De retour dans ma voiture, je retrouve l'humanité avant qu'un agent de police ne m'arrête, ce qui fait brièvement ressortir la colère. Mais heureusement, il me laisse partir avec un simple avertissement, et je suis de nouveau sereine.

Écouter Carl Sagan à la radio est l'occasion de l'état d'étude et d'éveil pour soi. Et pour finir la journée, le souvenir de ma grand-mère, débordante de compassion, évoque clairement l'état de Bodhisattva.

Achevant ma journée dans un état supérieur, les péripéties qui me semblaient négatives de prime abord ne le sont plus autant. Pourtant, les événements extérieurs sont restés les mêmes – c'est mon état intérieur qui a changé.

En d'autres termes, dans les mêmes circonstances, notre état peut s'éclairer ou s'assombrir.

*Si vous ne trouvez pas la paix en vous,
vous ne la trouverez jamais nulle part.*

Marvin Gaye

*Je crois en l'âme... Je crois qu'assumer
rapidement ses choix, accepter la responsabilité
de ses pensées, de son comportement,
et de ses actions en font la force.*

Alice Walker

Le mystère ultime, c'est nous.

Sammy Davis Jr

Si les détails sont différents, je suis sûre que vous connaissez ce sentiment de montagnes russes en vingt-quatre heures.

Plus j'en sais sur la psychologie moderne, plus j'y vois des similitudes avec l'antique sagesse bouddhiste. La célèbre théorie d'Abraham Maslow sur l'accomplissement et la hiérarchie des besoins a été comparée aux dix états. La première fois que j'ai vu la pyramide de Maslow, j'ai été frappée par sa ressemblance avec la hiérarchie des états de vie bouddhistes.

Selon lui, on cherche naturellement à satisfaire nos besoins fondamentaux dans l'ordre suivant, de bas en haut :

D'abord nos besoins physiques fondamentaux (nourriture, eau et abri) ; puis vient la sécurité (sécurité, santé et finances) ; et les besoins psychologiques d'appartenance (amour, amitié et famille). Ces trois premiers niveaux de la pyramide de Maslow correspondent aux six états de vie inférieurs des dix états.

Sans eau ni un minimum de sécurité, l'enfer, l'avidité, l'animalité et la colère guettent. Mais lorsque ces besoins fondamentaux sont satisfaits, à nous l'humanité et le bonheur temporaire.

La pyramide de Maslow s'affine ensuite vers l'estime de soi (confiance, réussite, respect), qui correspond à l'état d'étude et à celui de l'éveil pour soi ; et enfin, l'accomplissement personnel (réalisation du potentiel, découverte du but et clarté de la perception), qui partage des éléments des états de bodhisattva et de Bouddha.

Lorsqu'on cherche à se réaliser – aspirant aux deux états de vie ultimes du bouddhisme, – on évolue en mieux. Lors d'une tournée au Japon, à la fin des années 1980, j'ai avoué que, grâce à ma pratique bouddhiste, j'avais l'impression d'avoir fait émerger mon véritable moi, avec un sens aigu du but à atteindre et de la conscience de soi.

Malgré la proximité entre les dix états et la pyramide de Maslow, il subsiste une différence essentielle. Contrairement aux étapes à franchir pour passer au niveau supérieur de la pyramide, pour le bouddhisme, chacun des dix états renferme le potentiel de tous les autres. En clair, on peut passer d'un état à un autre en sautant les niveaux intermédiaires.

Un concept émancipateur, car même si on vit l'enfer, n'importe quel état supérieur peut se manifester, jusqu'à l'état de Bouddha.

Exemple : les victimes rescapées d'une catastrophe naturelle disent avoir une conscience accrue de l'interdépendance de tous les êtres vivants. Et sont souvent plus compatissantes et en harmonie avec l'univers.

Cette prise de conscience – de notre potentiel à nous élever des tréfonds de la souffrance jusqu'au niveau le plus élevé de l'existence – change la vie. Ainsi armés, nous savons que chaque état renferme du positif, et que nous n'avons rien à craindre. Lorsque nous sommes conscients de cette réalité, à savoir que tous les états contiennent potentiellement tous les autres, s'ouvre la voie vers la lumière de l'espoir, quelles que soient les circonstances.

C'est un point crucial, car sans espoir, il n'y a aucune lumière au bout du tunnel. Avec l'espoir, tout peut être source de joie.

Les états inférieurs sont le moteur pour atteindre les états nobles. C'est notre superpouvoir humain, notre capacité à « transformer le poison en remède ».

Grâce à ma pratique bouddhiste, le processus consistant à changer le poison en remède – transformer la négativité destructrice en positivité créative – est pour moi devenu source d'espoir. Ce sujet est détaillé dans le cinquième chapitre.

D'ici là, sachez que dès que vous vous sentez piégé dans un état inférieur, il est possible d'y échapper. Parfois, par des efforts relativement simples. Par la concentration, le yoga, la course à pied, la natation, la musculation, des exercices de respiration, une balade, en se « secouant » ou, comme à la maternelle, une sieste peut faire des merveilles. Si vous êtes insensibles à ces méthodes, explorez d'autres voies, telles la prière, la récitation d'un mantra, la méditation ou l'étude. Choisissez celle qui vous convient le mieux.

Personnellement, jusqu'à l'âge de trente-quatre ans, rien ne semblait propice à une amélioration significative de mon existence. Rien pour m'extraire des états inférieurs. Prisonnière d'une spirale négative, je souffrais en silence, sans savoir comment réaliser mes rêves.

Et puis, j'ai commencé à pratiquer. Le bouddhisme m'a montré la voie la plus directe vers les états supérieurs, une porte de sortie spirituelle, pour ainsi dire, en récitant *Nam-myoho-renge-kyo.* La plupart de ceux qui me connaissent un peu savent sans doute que je pratique le bouddhisme et récite *Nam-myoho-renge-kyo*. En revanche, peu de gens savent comment cela fonctionne réellement.

Maintenant que vous connaissez les dix états, nous allons voir ce que ces mots, ces sons – Nam-myoho-renge-kyo – signifient littéralement et, pour moi, intimement. J'aimerais partager avec vous quelques exemples où la pratique m'a rendue heureuse et forte – où elle a œuvré à m'élever – pour vous montrer qu'elle peut en faire de même pour vous.

ASPECTS POSITIFS ET NÉGATIFS
DES DIX ÉTATS

1. ENFER

Le positif : Les expériences de grande souffrance peuvent nous conduire au désir d'aider notre prochain à trouver la voie hors de sa souffrance.

Le négatif : Un désespoir sans fond ; l'incapacité à se voir et à voir les autres clairement ; les tendances autodestructrices.

2. L'AVIDITÉ

Positif : Viser à atteindre des objectifs ; aspirer à plus.

Négatif : Cupidité ; hédonisme ; désirs insatiables.

3. L'ANIMALITÉ

Positif : instinct de survie, s'assurer des besoins vitaux.

Négatif : Agir uniquement par instinct ; menacer les faibles et craindre les forts.

4. LA COLÈRE

Positive : Pour combattre l'injustice ; force créative de changement.

Négatif : Hypocrisie égoïste ; compétition destructrice ; conflit.

5. L'HUMANITÉ

Positif : État de tranquillité ; capacité d'agir avec raison.

Négatif : État passif ; refus de s'attaquer aux problèmes ; paresse.

6. LE BONHEUR TEMPORAIRE

Positif : Sensation de plaisir et de bonheur ; conscience accrue ; appréciation de la vie.

Négatif : Brève exaltation généralement orientée vers soi ; le désir de gratifications éphémères et répétées peut conduire à l'excès.

7. L'ÉTAT D'ÉTUDE

Positif : S'efforcer de s'améliorer en étudiant les enseignements d'autres personnes.

Négatif : Tendance à l'égocentrisme ; mépris des individus moins savants ou expérimentés.

8. L'ÉVEIL POUR SOI

Positif : Acquérir sagesse et perspicacité par l'apprentissage et l'observation du monde.

Négatif : Manque d'une vision large de la vie en raison du repli sur soi ; égocentrisme ; sentiment de supériorité.

9. L'ÉTAT DE BODHISATTVA

Un mot formé de *bodhi,* « éveil », et *sattva,* « être vivant », signifiant « celui qui cherche l'éveil pour lui et les autres ».

Positif : Compassion ; actions désintéressées envers les autres.

Négatif : Négliger sa propre vie ; mépris envers ceux que l'on essaie d'aider.

10. L'ÉTAT DE BOUDDHA

Indique l'état d'illumination de la réalité ultime de l'univers et de tous les rouages de la vie.

Positif : Sagesse, courage et compassion illimités ; grande force vitale irradiant les aspects positifs de chacun des neuf autres états. Le seul état de vie sans aucun aspect négatif.

3

Hymne aux anges

Face aux eaux miroitantes du lac de Zurich, dans les effluves primesautiers embaumant mon jardin, je souris en commençant ma prière matinale, que je récite depuis près d'un demi-siècle : *Nam-myoho-renge-kyo*.

Les changements survenus au cours de mon existence – entre le jour où j'ai entendu ces mots pour la première fois et celui où j'écris ces lignes – sont extraordinaires. Si ce n'était pas mon histoire, on pourrait croire à un conte de fées. Pourtant, ça l'est : j'ai réalisé mes rêves et mon conte de fées est devenu réalité.

Quels que soient vos rêves, ils peuvent devenir réalité.

Je vous souhaite d'atteindre le bonheur, quelle que soit l'idée que vous vous en faites. Et j'espère que le récit de mon accomplissement sera pour vous source d'inspiration.

Lorsque je parle de rêves qui se réalisent, je ne parle pas des désirs extérieurs à nos vies. Les récompenses matérielles sont appréciables, et je suis infiniment reconnaissante de toutes ces merveilles qui font partie de ma vie aujourd'hui. J'ai travaillé dur pour en arriver là. Mais ce n'est pas le changement auquel je pense. Ce qui a changé pour moi, ce qui m'a permis d'obtenir tous ces avantages ostentatoires, est infiniment plus important – de profondes transformations intérieures résultant de ma pratique spirituelle, de l'étude et de l'aide apportée aux autres.

Lorsque j'ai récité pour la première fois *Nam-myoho-renge-kyo*, ce fut le début d'une nouvelle vie qu'à bien des égards je n'aurais pu imaginer. Grâce aux éveils spirituels de la récitation, j'ai acquis la force nécessaire pour opérer de profonds changements dans ma vie.

Tout a commencé par des rencontres, des individus qui m'ont incitée à pratiquer. Par chance, j'ai été sensible au message qui m'était envoyé. J'ai commencé par pratiquer un peu chaque jour, parfois juste en répétant *Nam-myoho-renge-kyo* plusieurs fois. Puis je l'ai récité cinq minutes par jour, puis quinze, et j'ai remarqué des améliorations, discrètes mais manifestes, dans mon état de vie antérieure.

Petit à petit, ma pratique bouddhiste m'a aidée à me resituer dans l'univers.

Assez vite, j'ai pratiqué une demi-heure, parfois une heure.

Même si je souhaitais pratiquer avec ma Sangha, la communauté locale de fidèles, j'étais encore mariée à Ike, et il craignait ma pratique, pensant que je pourrais lui jeter un sort ou quelque chose de ce genre. Je réalise maintenant qu'il avait surtout peur de la personne que je pouvais devenir grâce à ma pratique spirituelle. Son emprise était menacée par la force que me procurait ma pratique.

Je n'avais que très rarement le droit de sortir sans lui, je trouvais donc le temps de pratiquer seule en secret, volant ces précieux moments de prières matin et soir. Parfois, quand Ike n'était pas là, mes courageuses amies Susie Sempers, Valerie Bishop et Maria Lucien se faufilaient dans la maison pour pratiquer avec moi.

Petit à petit, j'ai senti une forme de synchronisation : j'étais en phase avec l'existence. Plus je pratiquais, plus je me découvrais, voyant ma nature inhérente de Bouddha s'éveiller. Ma vie s'est améliorée et j'ai développé un sentiment de détachement vis-à-vis de mon mari. Grâce à ma force intérieure, nos conflits ont fini par ressembler à un jeu, une sorte de test karmique.

Au milieu du chaos, j'avais l'impression de renaître.

Plus ma flamme intérieure brillait, plus mon environnement y gagnait, et des rêves que je n'avais même pas formulés en dehors de mes prières ont commencé à devenir réalité. Les bénéfices intérieurs ont été suivis par d'autres, amorçant un cycle positif ininterrompu au fil du temps. Le premier exemple notable fut de taille : j'avais toujours rêvé de faire du cinéma et, tout à coup, je partageais l'affiche de l'opéra-rock *Tommy* avec Elton John, Ann-Margret, Roger Daltrey, Eric Clapton et Jack Nicholson. Ma passion pour le cinéma quand j'étais enfant, ça vous dit quelque chose ? Un rêve devenu réalité.

Lentement mais sûrement, au cours des deux années suivantes, ma pratique du bouddhisme est montée en puissance. Je suis devenue plus forte, si forte qu'à l'été 1976, j'ai enfin trouvé le courage de fuir Ike, d'échapper à une situation malsaine dans laquelle j'étais piégée depuis trop longtemps, et j'ai demandé le divorce. Une fois mon indépendance retrouvée, j'ai gagné la liberté de me joindre à des pratiques en commun quand je le souhaitais. Il en existe partout dans le monde, organisées par le réseau bouddhiste Soka Gakkai International (SGI) ; ce sont des rassemblements chaleureux et amicaux de personnes qui récitent *Nam-myoho-renge-kyo*. Je me suis rendue aux réunions proches de chez moi, dans le quartier de Brentwood à West Los Angeles.

Ah, comme j'ai aimé étudier et pratiquer le bouddhisme avec d'autres personnes ouvertes d'esprit. Quel soulagement et quel plaisir ! Après des années d'oppression à la maison, avoir la liberté d'exprimer mes pensées et mes croyances était une source de joie pure. En y repensant aujourd'hui, cela semble si simple. Mais celles ou ceux qui ont survécu à des relations abusives et codépendantes connaissent la valeur des droits fondamentaux et des plaisirs simples, là où d'autres considèrent qu'ils sont acquis.

À West Los Angeles, j'ai découvert qu'un certain nombre de musiciens, dont mes amis Ana Maria et le génial Wayne Shorter, organisaient des réunions de pratique en commun. Ana et moi nous étions rencontrées dans une boîte de nuit de New York, bien avant que je n'entende parler du bouddhisme. Wayne se produisait à l'endroit même où je donnais un concert, et Ana et moi nous sommes liées d'amitié en coulisses.

Même si nous étions amis depuis des lustres, je ne savais pas qu'Ana et Wayne étaient bouddhistes avant de le devenir moi-même. Lorsque j'ai avoué à Ana combien j'aimais réciter, pensant lui faire partager quelque chose de nouveau, elle m'a répondu, un sourire enjôleur aux lèvres : « Ma chérie, ça fait belle lurette qu'on pratique ! »

Plus tard, Ana m'a fait une confession : « Quand on s'est rencontrées à New York, j'ai senti une profonde tristesse en toi. J'avais l'impression que tu cachais quelque chose. » Même sans être au courant de mes problèmes, elle m'avait dit : « Depuis la première fois qu'on s'est vues, ton nom est dans mon livre de prières et je récite pour ton bonheur. »

Ses paroles sincères m'ont donné des frissons et fait monter les larmes aux yeux. Un autre signe que j'étais exactement là où je devais être – j'avais trouvé mon espace sacré, ma communauté bien-aimée.

Alors que je commençais à pratiquer, j'ai été stupéfaite de découvrir qu'un personnage que j'ai toujours admiré, le Mahatma Gandhi, ouvrait ses réunions de prière quotidiennes dans son ashram en récitant *Nam-myoho-renge-kyo* avec ses disciples.

Un pouvoir mystérieux et indéfinissable
imprègne tout...
une forme d'ordonnancement de l'univers...
une loi immuable qui régit tout
et tous les êtres vivants.
Ce n'est pas une loi aveugle,
car aucune loi aveugle ne peut régir
la conduite des êtres vivants.

Mahatma Gandhi

Ce qui nous unit est bien plus fort
que ce qui nous divise en tant que familles, amis...
et voyageurs spirituels sur cette Terre

Marian Wright Edelman

Mais l'histoire de *Nam-myoho-renge-kyo* est bien antérieure au Mahatma Gandhi ou à moi. Elle remonte à plus de 2 500 ans, avec un sage nommé Shakyamuni. En Occident, il est plus connu sous le nom de Siddhartha Gautama, le Bouddha. Je ne me lasse pas des ouvrages sur l'histoire du bouddhisme. Ma salle de prière en est remplie, et l'occasion est trop belle pour ne pas partager avec vous mes humbles connaissances.

Shakyamuni est né prince dans le Nord de l'Inde (l'actuel Népal) et son nom signifie « sage du clan Shakya » en sanskrit. Bien qu'élevé dans le luxe, à dix-neuf ans, il découvre qu'à l'extérieur des murs de son palais, son peuple souffre. Il renonce alors à son statut royal et part seul faire l'expérience des dures réalités de la vie quotidienne du peuple.

Shakyamuni se consacre à une quête spirituelle, cherchant à comprendre les mystères de ce qu'il perçoit comme les quatre souffrances inéluctables de l'humanité : la naissance, la maladie, le vieillissement et la mort. Après avoir survécu à de nombreuses épreuves et pratiqué des méditations austères près de dix ans, il atteint l'illumination sous un magnifique banian. C'est ainsi qu'à trente ans, il est désormais connu sous le nom de Bouddha.

Le terme *Bouddha* signifie « éveillé ». Lorsqu'une personne ne comprend pas le fonctionnement de l'univers, elle est ordinaire, pleine d'illusions ; mais lorsqu'elle parvient à comprendre la nature de toute vie, elle est un Bouddha.

Après avoir atteint l'illumination, Shakyamuni consacre les quarante années suivantes à partager ses révélations, parcourant de grandes distances pour soulager la souffrance omniprésente. Pour diffuser son message, il prépare ses disciples en leur enseignant des concepts simples pour les amener progressivement à la révélation ultime, de la même manière qu'il faut connaître les bases de l'arithmétique avant de passer à la géométrie et à des formes plus compliquées de mathématiques.

La sagesse partagée par Shakyamuni a été compilée dans des sûtras, recueils d'enseignements. Le mot sanskrit *sûtra* signifie « fil conducteur », ce qui implique un tissage de la sagesse pour créer des tapisseries de l'illumination.

Au cours des huit dernières années de sa vie, Shakyamuni a dévoilé ses ultimes révélations, regroupées dans le *Sûtra du Lotus*.

Bien que la sagesse du *Sûtra du Lotus* puisse être nouvelle pour de nombreux Occidentaux, deux écrivains américains – Henry David Thoreau et Ralph Waldo Emerson – ont été parmi les premiers à introduire le *Sûtra du Lotus* dans le monde occidental au XIXe siècle.

« Les enseignements du Bouddha » est le nom qu'ils ont donné aux extraits du *Sûtra du Lotus* publiés dans l'édition de janvier 1844 de *The Dial*, une revue trimestrielle de Boston. Henry David Thoreau a participé à la traduction du texte en anglais à partir d'une traduction française antérieure, Ralph Waldo Emerson s'acquittant du travail éditorial.

Aujourd'hui, le *Sûtra du Lotus* est le sûtra le plus reconnu au monde. Il sert de base à de nombreuses écoles de pensée bouddhistes qui se sont répandues dans toute l'Asie au cours des 2 500 ans qui ont suivi la naissance de Shakyamuni.

À l'instar du christianisme et des autres grandes religions, le bouddhisme peut être considéré comme un arbre antique, aux nombreuses branches confessionnelles. Parmi elles, la tradition Soka Gakkai, que je pratique. Elle trouve son origine dans les enseignements d'un moine réformateur, Nichiren, qui vécut au Japon au XIIIe siècle.

Nichiren a connu une époque de troubles sociaux et de catastrophes naturelles. Né dans une famille de pêcheurs, il s'intéresse à la philosophie dès son plus jeune âge. À douze ans, il décide de consacrer sa vie à l'étude et commence ses recherches sur la grande richesse des écritures bouddhistes. Pendant deux décennies, il cherche à clarifier l'essence du bouddhisme et à simplifier sa pratique, ouvrant la voie à l'état de Bouddha pour tous, quelles que soient les circonstances de l'existence.

Nichiren enseigne que *Nam-myoho-renge-kyo* est l'essence du *Sûtra du Lotus*. Il dédie son existence à enseigner la récitation de *Nam-myoho-renge-kyo* qui contient l'intégralité des enseignements bouddhistes et peut ouvrir à tous la porte de l'éveil.

Aujourd'hui, la récitation de *Nam-myoho-renge-kyo* est l'une des pratiques bouddhistes les plus répandues. Partout et à tous moments du jour ou de la nuit, des personnes aux quatre coins de la planète, dont moi, le récitent. Selon certains, *Nam-myoho-renge-kyo* est comme une chanson.

Dans la tradition Soka Gakkai, on nous apprend à le réciter. Lorsque j'ai assisté pour la première fois à une réunion de la SGI et que j'ai entendu un groupe pratiquer en chœur, j'ai trouvé l'énergie si belle et si puissante que j'ai ressenti autour de moi de la bonté et une forme de joie éternelle.

Profondément émue, je me suis dit : Nam-myoho-renge-kyo *est l'hymne des anges.*

Alors pourquoi des millions d'autres personnes le récitent-elles ?

La réponse la plus simple est la suivante : pour devenir l'incarnation du bonheur.

Partout où mes voyages m'ont menée, j'ai trouvé un point commun avec mon prochain : la quête d'un bonheur durable.

Tout le monde veut être heureux. La recherche du bonheur est un instinct fondamental qui transcende croyances et cultures. Toutes les paroles et actions sont ancrées dans la conviction, bien souvent inconsciente, qu'elles mèneront au bonheur. Mais le problème est la pérennité de ce bonheur. Le bonheur est un sentiment. Et, comme tout sentiment, il peut disparaître aussi vite qu'il est apparu.

Le bonheur authentique et durable est insaisissable. J'en sais quelque chose.

Nous sommes de la poussière d'étoile
Nous sommes de l'or et nous devons accepter
de retourner à la poussière.

Joni Mitchell Woodstock

Vos actions peuvent faire la différence,
le tout est de savoir
quelle différence vous voulez faire.

Jane Goodall

Répandez l'amour partout où vous allez.
Que personne ne vous côtoie sans repartir plus heureux.

Mère Teresa

Bien que je sois passée de la misère à la reconnaissance internationale, j'ai connu des épisodes, même dans les meilleurs moments, où j'avais l'impression d'un manque. Mon karma, mes limites karmiques, étaient les chaînes invisibles qui me retenaient. Je suis sûre que vous connaissez le mot karma, mais qu'est-ce qu'il signifie précisément ?

Karma est un mot sanskrit qui signifie « action ». Pensez au karma comme à la somme de toutes vos conduites – pensées, paroles et actes – du premier jour à l'instant présent, sans oublier l'avenir. Le karma est une sorte de bilan de vos actions négatives et positives, sans début ni fin dans le temps.

Notre karma détermine nos états de vie. Il explique que nous soyons parfois bloqués, ou confrontés aux mêmes défis, ou encore incapables de nous élever d'un état inférieur vers un état supérieur. Ces limites résultent de toutes de nos actions, de notre karma.

Une façon de penser aux limites karmiques, généralement invisibles à l'œil nu, est de comparer le karma à la gravité. L'attraction de la gravité, comme celle du karma, est invisible. Et pourtant elle influence nos actes à chaque instant.

Et pourtant, la science a trouvé des moyens d'échapper à l'attraction gravitationnelle de la Terre. Les explications simples de l'astrophysicien Neil deGrasse Tyson sur le sujet me semblent intéressantes. Selon lui, pour échapper à la gravité, il faut se déplacer à une vitesse supérieure à celle à laquelle sa force peut résister. C'est la « vitesse d'échappement ». Chaque objet de l'univers en possède une. Sur Terre, cette vitesse est d'environ onze kilomètres par seconde.

Cela signifie que, pour échapper à la gravité, il faut quitter la surface de la Terre avec une force si grande qu'elle peut vous propulser à au moins onze kilomètres par seconde.

Je vois le karma de la même façon.

Pour se libérer des liens invisibles du karma, pour atteindre la « vitesse d'échappement karmique », il faut augmenter la puissance de votre force vitale jusqu'à surpasser la force d'attraction karmique.

Certains karmas sont légers, telle la gravité sur la Lune. (La vitesse d'échappement de la Lune ne représente qu'un sixième de celle de la Terre).

D'autres sont plus lourds à porter et peuvent sembler inéluctables, ce qui a été mon cas longtemps. Ce karma pesant peut être ressenti comme un trou noir destructeur aspirant tout dans son vortex.

Pour échapper à l'attraction d'un trou noir dans l'espace, il faudrait voyager plus vite que la vitesse de la lumière. Or, grâce à Albert Einstein, nous savons que rien dans l'espace ne peut se déplacer plus vite que la lumière ; on serait donc impuissants.

Cependant, dans le cas d'un trou noir karmique, votre force vitale peut certainement atteindre une vitesse supérieure à celle de la lumière – appelons-la vitesse d'illumination.

En augmentant votre vitesse spirituelle d'illumination, vous pouvez vous libérer de l'attraction gravitationnelle de toute limite karmique.

Ma vie en est la preuve.

Déployez votre esprit et volez.

Whitney M Young Jr

La plus belle chose à expérimenter est le mystère.

Albert Einstein

Ô ami, comprends que le corps
est comme l'océan,
riche en trésors cachés.
Ouvre ta chambre intérieure
et allume sa veilleuse.

Mirabai

Parfois, se libérer d'un karma négatif ne nécessite pas de changement extérieur, plutôt une transformation personnelle – un changement de perception. Car, comme nous le savons grâce aux dix états, la qualité de notre état de vie – noble ou pas – peut nous amener à faire le meilleur avec le pire, ou le pire avec le meilleur.

C'est là qu'intervient le pouvoir de Nam-myoho-renge-kyo : « *Hommage au Sûtra du Lotus de la Loi merveilleuse [de la vie]* ».

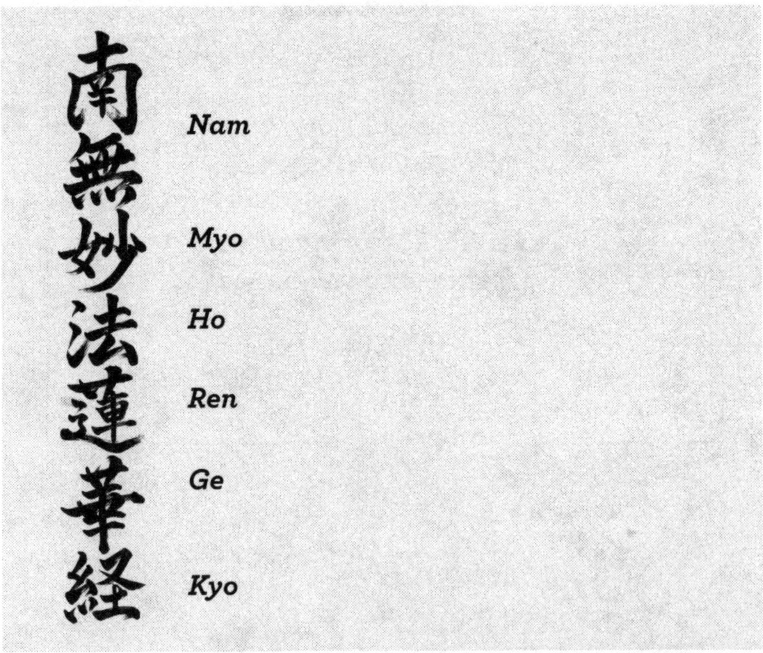

Détaillons ses éléments :

Nam est un mot dérivé de la translittération du mot sanskrit namas, qui signifie « se consacrer à », « respecter du fond du cœur », et exprime une foi profonde.

Littéralement, *myoho* signifie « loi merveilleuse » et exprime la relation entre la vie de l'univers et ses nombreuses manifestations. *Myo* désigne l'essence même de la vie, invisible et au-delà de l'entendement intellectuel. Cette essence s'exprime sous une forme tangible (*ho*) qui peut être appréhendée par les sens. Les phénomènes (*ho*) changent, mais un principe unique et immuable les habite tous (*myo*).

Renge (prononcé « rèngué ») signifie « fleur de lotus ». Parce qu'il produit en même temps sa fleur et son fruit, le lotus symbolise la simultanéité de la cause et de l'effet.

Renge désigne également le *Sûtra du Lotus*.

Littéralement, *kyo* veut dire « sûtra », « voix » ou « enseignement d'un Bouddha ». Il désigne également le son, le rythme ou la vibration. Le caractère chinois pour *kyo* désignait à l'origine le fil d'un ouvrage tissé, la continuité temporelle, et représente ainsi le caractère éternel de *Nam-myoho-renge-kyo*. Au sens large, *kyo* véhicule le concept selon lequel tout, dans l'univers, est une manifestation de la Loi merveilleuse.

Nam-myoho-renge-kyo peut se traduire ainsi : « Je mets ma vie en harmonie avec la vie de l'univers. »

Voyez la récitation de *Nam-myoho-renge-kyo* comme une sorte de gymnastique spirituelle. Vous avez sans doute remarqué que certains n'ont besoin que de peu d'exercice pour garder la ligne, là où d'autres ne doivent pas ménager leur peine pour rester en forme. Je crois qu'il en va de même pour la forme spirituelle.

En fonction des circonstances, de notre état de vie et de nos schémas karmiques, l'effort à fournir pour rester en bonne santé spirituelle diffère. Il diffère aussi selon nos objectifs et les changements souhaités.

Confrontée aux défis les plus difficiles de mon existence, j'avais aussi les rêves les plus fous et je pratiquais plusieurs heures par jour pour qu'ils deviennent réalité. Quand je raconte ces temps très difficiles, les gens sont surpris et affirment qu'ils n'auraient pas la volonté ou le temps de faire quoi que ce soit plusieurs heures par jour. C'est compréhensible et tout à fait naturel.

Peut-être que quinze ou trente minutes de pratique quotidienne seraient l'idéal pour vous. Suivez l'élan de votre cœur, mais sachez que chaque seconde est bénéfique. Vous êtes seul maître à bord.

Pratiquer plusieurs heures par jour pendant ces années noires a été salvateur. J'en percevais les bienfaits, ce qui m'a incitée à pratiquer davantage. Cela semble relever du bon sens. Comment ne pas aller plus loin quand une activité améliore votre existence de façon si spectaculaire ?

Je compare cela à la préparation nécessaire pour gagner une compétition sportive. Dans mon cœur, je visais l'or aux jeux Olympiques spirituels, mais mon niveau ne m'aurait pas permis d'intégrer une équipe universitaire. J'ai dû travailler plus dur pour compenser mes handicaps.

Quand on imagine la discipline requise pour arriver là où je voulais aller, on comprend bien pourquoi j'ai autant pratiqué à cette époque. Au fil des ans et des améliorations, ma pratique est devenue plus modérée.

Que je pratique quelques minutes ou plusieurs heures, cette routine quotidienne m'a toujours enchantée. Et m'a sauvé la vie. Et elle m'a aussi permis de réaliser mes rêves les plus fous.

Quelle que soit votre méthode pour améliorer votre existence, l'essentiel est que ces efforts vous rendront plus fort et vous donneront le pouvoir de vous libérer de vos chaînes karmiques, de vous élever vers les états supérieurs et de construire la vie à laquelle vous aspirez.

Lorsque nous rêvons, il y a toujours un décalage entre la réalité et nos objectifs. La clé est de trouver un moyen de combler cet écart.

Ma pratique spirituelle m'a permis de le faire. Le travail acharné, la ténacité et la force spirituelle m'ont aidée à réaliser mes rêves. Avant d'apprendre à pratiquer, j'avais déjà l'éthique du travail et j'étais tenace, mais il me manquait la force spirituelle.

J'ai constaté que plus elle augmentait, plus j'étais persévérante, ce qui a favorisé ma réussite professionnelle.

Pour atteindre l'épanouissement personnel dans tous les domaines de ma vie, j'ai commencé par déverrouiller la porte de ma sagesse, de ma nature de Bouddha. Les trois piliers que sont la foi, la pratique et l'étude du bouddhisme ont tout changé, pour le mieux.

Lorsque certains entendent le mot « foi », ils sont rebutés par les règles et les obligations extérieures. Ou associent la foi à un déni de la réalité. Pour moi, la foi est une prise de conscience de son véritable Soi, la compréhension que l'infinie dignité de l'univers et l'essence de votre vie ne font qu'un. Vous pouvez être solidement ancré dans le réel tout en acceptant le potentiel de bonheur en vous.

Pour moi, la foi consiste à chérir et à développer le potentiel de sa précieuse existence.

C'est pourquoi je souhaite à tout le monde d'avoir la foi.

Cela veut-il dire que j'attends de tous la même chose ? Bien sûr que non. Je souhaite juste que vous soyez heureux, vraiment heureux.

En lisant les messages reçus du monde entier, je constate combien vous êtes nombreux à chercher de nouveaux outils spirituels pour ouvrir votre cœur et révéler votre joie intérieure, votre nature de Bouddha. J'espère vous donner ici les outils pour y parvenir.

Si je peux vous offrir une vision plus claire, vous inciter à réaliser votre potentiel, ou simplement vous aider à être plus heureux, alors j'aurai gagné mon pari.

Quelle que soit votre voie vers les états supérieurs, même si vous choisissez une voie complètement différente de la mienne, je vous encourage de tout mon cœur.

4

Défendez votre existence

Nous sommes en l'an 1255. Le sommet enneigé du mont Fuji se dresse silencieux au-dessus de Kamakura, la plus grande ville du Japon, et le siège du gouvernement militaire du shogun.

Le tapis d'aiguilles de pin charriées par les vents dans cette enclave luxuriante lui a valu le nom « la vallée aux aiguilles de pin ». Là, dans une modeste hutte, Nichiren prend son pinceau pour écrire un essai, bref mais fondamental, intitulé *Sur l'atteinte de la bouddhéité en cette vie*.

Il note : « Lorsqu'on est dans l'illusion, on est appelé à être ordinaire, mais quand on est dans l'illumination, on est appelé un Bouddha. Tel un miroir terni qui brillera comme un joyau une fois poli. »

Il ajoute que la récitation de *Nam-myoho-renge-kyo* est le moyen le plus efficace pour polir le miroir de notre existence.

Au XIIIe siècle, les miroirs japonais étaient faits de métaux qui se ternissaient s'ils n'étaient pas polis régulièrement. D'où la métaphore. En clair, un miroir couvert de poussière que l'on doit nettoyer pour voir distinctement.

Et dès lors que vous y voyez clair, vous avez le pouvoir de tout changer.

J'ai souvent qualifié de « mystique » le fait de réciter et de polir le miroir qu'est ma vie. Dans les albums œcuméniques que j'ai enregistrés, nous faisons référence à *Nam-myoho-renge-kyo* en tant que Loi mystique.

La « loi » fait ici référence à la loi de cause à effet. En d'autres termes, la loi mystique est une loi naturelle, comme la gravité. Inutile de croire à la loi de la gravité pour qu'elle s'exerce. Il en est de même pour la loi de cause à effet.

Quant à ses aspects « mystiques », je crois qu'il faut faire l'expérience de la récitation pour comprendre vraiment sa signification. Je sais d'expérience que tenter d'expliquer les qualités mystiques de *Nam-myoho-renge-kyo* à ceux qui n'ont jamais essayé de pratiquer, c'est comme décrire le goût des fraises à quelqu'un qui n'en a jamais goûté.

Mais je suis convaincue que tout le monde peut en profiter. Voyons comment la pratique polit le miroir de votre vie.

Commençons par évoquer l'humain.

Même avant de m'intéresser à la philosophie bouddhiste, j'étais fascinée par le pouvoir du subconscient. En psychanalyse, je crois qu'on parle d'*inconscient*. Mais dès que j'entends le mot « inconscient », je ne peux m'empêcher de penser à quelqu'un d'évanoui après une bonne fête endiablée. Je préfère donc utiliser le terme d'*esprit subconscient*.

La littérature de la science moderne au sujet du subconscient soutient les théories bouddhistes sur le sujet. Ces connaissances intemporelles contribuent à expliquer comment la pratique permet d'améliorer notre karma.

Cela fait des années que je m'intéresse aux théories sur la façon dont le subconscient affecte notre comportement quotidien et notre perception du monde. En étudiant le bouddhisme, j'ai découvert un parallèle avec « les neuf niveaux de conscience ». (Dans les textes anciens du bouddhisme, le terme « conscience » signifie également « perception ».)

Nos cinq sens sont la vue, l'ouïe, l'odorat, le goût et le toucher. Chacun d'eux nous permet d'atteindre un niveau de conscience. Je vais vous en donner un exemple en partageant avec vous une autre tranche de ma vie, mon concert d'adieu à Londres, le 3 mai 2009.

Reconnaissante aux fans du Royaume-Uni qui m'ont toujours été fidèles, je monte sur la scène pour répéter le spectacle du soir. Je regarde les sièges vides (la vue). J'inspire profondément (l'odorat). Je prends une gorgée de ma tisane préférée (le goût) et je savoure la chaleur dans ma gorge (le toucher).

En posant la tasse, je perçois les effluves de bois de santal de l'encens qui se consume dans les coulisses (l'odorat). Je fais un signe à mon guitariste, qui commence à jouer l'intro de *Proud Mary* (l'ouïe).

Alors que je tape mes talons hauts renforcés sur la scène (le toucher) et que nous nous mettons à jouer, je fais quelques pas avec mes danseurs. Enfin, je regarde à nouveau l'arène vide et visualise une salle comble, m'imaginant portée par l'énergie électrisante du public.

Mon sixième niveau de conscience est celui qui intègre ces cinq sens en une information cohérente. Dans cet exemple, le sixième niveau me permet de faire la différence entre l'arène vide et sa vision pleine, de la même manière qu'on différencie la photo d'un plat sur un menu de la nourriture en soi.

Le septième est « l'esprit pensant » et le domaine de l'ego, associé à l'attachement à notre moi inférieur et aux conditions de vie des mondes inférieurs.

Le matin de ma répétition à Londres, j'avais lu dans un tabloïd une rumeur peu agréable à mon sujet. Après des années de pratique et d'étude du bouddhisme, je suis normalement capable d'évacuer ces ragots, mais allez savoir pourquoi, j'ai dû faire un effort supplémentaire pour faire le vide dans mon esprit avant la répétition afin de donner le meilleur de moi-même.

S'inquiéter de ce que les autres pensent de nous est un exemple d'attachement à notre moi inférieur. Dans mon cas, m'en inquiéter m'a temporairement tirée vers le bas.

Le septième niveau de conscience est également celui auquel notre esprit est capable d'imaginer, de planifier et de faire la différence entre le bien et le mal. M'imaginer en train d'envoyer de l'amour à un immense public relève du septième niveau de conscience.

Ce que Descartes considérait comme la preuve de son existence lorsqu'il déclarait : « Je pense, donc je suis. »

Pendant la majeure partie de notre vie, nous fonctionnons à ces sept niveaux de conscience, absorbant les données sensorielles de nos cinq sens, les traitant automatiquement avec notre sixième, et les interprétant avec notre septième.

Le huitième niveau est l'*alaya*, où s'accumule l'énergie de notre karma. En sanskrit, *alaya* signifie « réservoir ».

Ce niveau de conscience reçoit toutes nos pensées, paroles et actions - notre karma. Il est donc très important et exerce une influence majeure sur notre destin.

J'en suis venue à comprendre et à adopter l'idée que tout ce que je vis est le résultat karmique de toutes mes pensées, paroles et actions, des plus viles aux plus nobles.

Le besoin de changement a tracé sa route jusqu'au tréfonds de mon esprit.

Maya Angelou

Avant tout, soyez l'héroïne de votre vie, pas la victime.

Nora Ephron

Si vous n'aimez pas la route que vous suivez, commencez à en paver une autre.

Dolly Parton

Le bouddhisme nous enseigne que tous les moments de notre vie, aussi insignifiants soient-il, s'impriment dans ce huitième niveau de notre conscience. Bien que nous ne soyons pas toujours capables de nous souvenir de tout, le bon stimulus peut faire ressurgir n'importe quel souvenir.

Le huitième niveau de conscience est ce que le psychologue suisse Carl Gustav Jung appelle « l'inconscient collectif », ou conscience partagée. Tous les humains partagent un réservoir d'expériences communes, remontant aux tout débuts de l'existence. C'est l'influence mystique que Jung appelait la mémoire collective (un peu le « karma collectif » des bouddhistes). Elle se manifeste par nos instincts et par d'autres aspects invisibles de notre conscience. La théorie de Jung selon laquelle les gens sont intimement liés à la fois à leur passé propre et plus largement à celui du reste de l'humanité, rejoint le concept bouddhiste de la huitième conscience.

Puis, au plus profond de nous, la neuvième conscience, l'*amala*, qui signifie « pur ». Notre nature de Bouddha, notre plus grand moi, qui ne peut être souillé par les taches karmiques. Le sentiment transcendant que j'éprouve en pratiquant en harmonie avec l'univers.

C'est aussi le sentiment que j'ai quand je suis sur scène, transportée par l'énergie de donner et de recevoir de l'amour. L'un de mes moments préférés était de danser sur la « mâchoire d'acier » qui naviguait parmi le public. Depuis mon perchoir, je pouvais voir les visages, plonger dans leurs regards, ressentir leur joie sur la musique et éprouver une puissante connexion. Chaque soir, je sortais de scène submergée par le souvenir des couleurs, des lumières, des sons et des milliers de visages souriants devant moi.

Puiser dans la conscience *amala* est la clé de la transformation de notre karma. Il s'agit d'une force vitale pure qui affecte positivement tous les autres niveaux de conscience.

Ce niveau racine de notre bouddhéité et l'essence éclairée de l'univers – la réalité fondamentale de la vie – sont une seule et même chose. Nichiren a verbalisé cette essence : *Nam-myoho-renge-kyo* et décrit notre corps comme « le palais de la neuvième conscience ».

En récitant *Nam-myoho-renge-kyo*, nous ouvrons les portes de ce majestueux palais de l'illumination.

Manifester votre bouddhéité, ici et là, tel que vous êtes, c'est défendre votre droit à la vie – c'est ouvrir une source de sagesse, de courage et de compassion, permettant de surmonter l'adversité.

J'aime penser aux couches de la conscience comme à une fontaine. La neuvième conscience est votre réservoir profond d'eau pure. Réciter, c'est ouvrir une canalisation pour faire remonter cette eau pure à travers vos autres niveaux de conscience, afin de clarifier votre perception du monde.

Il est crucial d'accéder à cette force purificatrice, car l'influence du karma est souvent moins liée à ce qui se passe dans la vie qu'à la façon dont nous la percevons – comment nos « sédiments » internes obscurcissent notre vision du monde.

Cela me fait penser à un précieux conseil que j'ai reçu lors d'une réunion de la SGI...

Lorsque nous sommes contrariés, il est facile de blâmer les autres. Pourtant, la racine de nos sentiments se trouve en nous. Par exemple, imaginez que vous êtes un verre d'eau. Les expériences négatives passées sont les sédiments au fond du verre. Une situation ou une personne désagréable est une cuillère. Lorsque la cuillère remue, les sédiments troublent l'eau. On peut être tenté d'incriminer la cuillère pour le trouble causé, mais sans sédiment, l'eau serait restée claire. Même si nous enlevons la cuillère, les sédiments restent, attendant la cuillère suivante. En revanche, sans sédiment, quoi qu'il arrive, quelle que soit la cuillère, l'eau restera claire.

Chaque fois que je songe à cette analogie, je suis soulagée de savoir que j'ai le contrôle de mon état, qui colore toutes les pensées de ma conscience, ainsi que mes réponses à toute la négativité. Je sais que je peux éliminer tous les sédiments du « verre d'eau » qu'est ma vie en puisant dans ma bouddhéité.

Il est donc facile de comprendre l'intérêt de se connecter à son niveau de conscience le plus profond, à l'eau de source pure de son âme. Lorsque vous le faites, vous accélérez la transformation de votre destin en augmentant le flux de sagesse et en diminuant les actions susceptibles de polluer votre eau.

Cette vision optimiste et responsabilisante nous rappelle que le karma – positif et négatif – existe dans notre conscience profonde. N'oubliez pas que la bonté, toutes nos bonnes pensées, paroles et actions sont dûment stockées dans notre réservoir karmique. Un fois que l'on en a conscience, cela nous incite à opter pour le bon karma tous les jours, à chacun de nos pas.

Que vous soyez convaincus que vos niveaux de conscience les plus enfouis ne s'étendent qu'à cette vie ou qu'ils en englobent beaucoup d'autres, je suis sûre que vous avez déjà eu des intuitions, cette impression qui surgit, aussi instantanée qu'inexplicable. Moi, oui. Parfois, cette intuition est la réponse au dilemme auquel vous êtes confronté, indiquant le choix à faire. Comme moi, vous vous êtes sans doute demandé : *Mais où est-ce que j'ai été chercher ça ?*

Ces éclairs instinctifs sont le fruit de notre huitième conscience.

Cette boussole interne, j'en ai fait l'expérience dès mon plus jeune âge. Comme dans les bois près de Nutbush où la première fois que j'ai croisé un serpent, j'ai détalé, sans demander mon reste. Ce que personne ne m'avait appris à faire. Ce fut juste instinctif.

Jamais lassée de l'incroyable ingéniosité de la nature, je m'émerveillais de ces oisillons qui écoutent leur instinct pour se jeter du nid. La faune s'affranchit des problèmes en s'en remettant à sa sagesse, sa huitième conscience. Et s'autorise à ressentir l'énergie ambiante.

J'ai essayé d'en faire une règle de vie, et elle a fait ses preuves. Deux de mes danseuses, les jumelles Karen et Sharon Owens, m'ont souvent fait remarquer que sur scène, c'était comme si je sentais ce qui se passe derrière moi. Elles ont constaté que je me retourne toujours au moment où un danseur passe à côté. « Mais comment fais-tu ? »

Honnêtement, je l'ignore. Mais quand je sentais une désynchronisation sur scène, d'un sourire en dansant, je tâchais de remotiver les troupes pour qu'on reste tous forts et concentrés. Les jumelles m'ont demandé en riant si j'avais des yeux derrière la tête. En réalité, je ne faisais qu'écouter ma voix intérieure pour me mettre à l'écoute de l'énergie qui m'entourait. Je pense que nous en sommes tous capables, à condition d'être à l'écoute de nous-même.

D'où vient cette « écoute » ?

Nous savons que l'ADN transmet les caractéristiques physiques de génération en génération. Je suis convaincue que la science finira par prouver que nos attributs invisibles sont également transmis de génération en génération – que les aspects spirituels de notre karma sont contenus dans ce que je considère comme notre ADN spirituel.

Un oiseau est un oiseau en raison de son ADN physique. Mais sa capacité à accomplir des tâches jamais enseignées provient de son ADN spirituel. C'est une partie de l'énergie et de la sagesse invisibles circulant en toute forme de vie.

Nous partageons tous la sagesse intérieure de Mère Nature. C'est la voix de notre sagesse de Bouddha, ou conscience du Christ, au fond de nous.

Il suffit de couper le son de notre ego pour recevoir ces messages. Débarrassée des tumultes du monde et bien concentrée, notre sagesse intérieure nous guide pour prendre en toutes occasions les meilleures décisions.

Lorsque vous êtes lucide sur vous-même, tout devient limpide et vous avez le pouvoir de changer ce qui fait obstacle à votre réussite, votre santé et votre bonheur.

Mais les fonctions de l'esprit demeurent mystérieuses et il est difficile de déterminer où réside ce « moi pensant ». Il semblerait que les pensées surgissent de nulle part, alors qu'elles façonnent la réalité du monde dans lequel nous vivons.

La plus petite bribe d'humanité commence par une pensée.

Nos pensées qui mènent à nos paroles et à nos actes, créent notre karma. Marc-Aurèle, empereur et philosophe romain, ne s'y trompait pas : « Le bonheur dépend de la qualité de nos pensées. »

C'est la raison pour laquelle j'essaie d'insuffler de la gaieté dans mes pensées et mes paroles, afin d'égayer ma journée. Des amis m'ont fait remarquer que même lorsque j'évoque des souvenirs douloureux, je le fais avec humour.

Vous savez ce qu'on dit de la comédie ? Que c'est de la tragédie, le temps en plus.

Je suis contente d'être arrivée à un point où je peux rire de ma vie et de moi-même ; c'est reposant. Et capital, car cela influence toute notre existence.

Quand avez-vous réfléchi pour la dernière fois à la façon dont les pensées naissent ?

Fin 2013, j'ai eu un accident vasculaire cérébral, et l'importance des fonctions de notre cerveau s'est rappelée à moi. Tandis qu'une merveilleuse équipe médicale travaillait à mon rétablissement, je me suis également attelée à la tâche pour guérir. Je voulais comprendre les fonctions de mon cerveau afin d'envisager de les récupérer pleinement.

Et voici ce que j'ai découvert :

La science nous apprend qu'il existe une communication entre les neurones. Ces cellules nerveuses transmettent les informations dans notre corps et facilitent notre capacité à penser. Ce sont par exemple vos neurones qui vous permettent d'enregistrer les infos que je partage avec vous en ce moment.

Les neurones communiquent entre eux par des impulsions électriques rapides, qui créent des ondes cérébrales. Des capteurs détectent ces ondes, révélant un spectre continu de conscience, qui va des ondes basses fréquences aux hautes fréquences. Lorsque nous dormons profondément, notre cerveau produit des ondes de très basse fréquence, tandis que lorsque nous réfléchissons, leur fréquence est beaucoup plus élevée. Ces ondes sont mesurées en hertz (Hz) – mesure de la fréquence d'un événement qui se répète une fois par seconde. Quand nous dormons, les plus basses sont inférieures à 4 Hz ; en pleine concentration, on atteint les 40 Hz et plus.

Le cerveau est vraiment une incroyable machine organique !

Des études ont montré que la récitation rythmique peut amener nos ondes à une fréquence comprise entre 7 et

8 Hz. La fréquence typique de la musique et de l'art, ou d'autres modes de pensée calmes et créatifs.

Je trouve intéressant que la fréquence pendant que nous récitons corresponde également à ce que l'on appelle la fréquence fondamentale de la Terre, soit 7,83 Hz. C'est ce qu'on appelle les résonances de Schumann, du nom du physicien Winfried Otto Schumann, qui l'a prédite. Il ne faut peut-être y voir qu'une « coïncidence ». Mais comme je ne crois pas aux coïncidences, j'espère qu'un jour on découvrira une signification à cet alignement fréquentiel.

En attendant, je suis ravie qu'il existe déjà des preuves scientifiques des bienfaits physiques et émotionnels de la récitation de *Nam-myoho-renge-kyo*. Les bouddhistes l'utilisent depuis des millénaires pour soigner divers troubles mentaux. La psychiatrie moderne reconnaît de plus en plus ses effets positifs sur les problèmes de santé mentale, notamment sur l'estime de soi, la réadaptation après la dépendance et la récupération des stress post-traumatiques.

Après un demi-siècle à profiter des bénéfices de cette pratique, je crois qu'un jour le bouddhisme sera considéré comme la science de l'esprit, et un excellent remède pour le corps et l'esprit.

Depuis dix ans, confrontée à de nombreux pépins de santé – d'abord cet AVC, puis un cancer de l'intestin, une insuffisance rénale, et j'en passe, – les effets cumulés de nombreuses années de pratique spirituelle ont été inestimables. Je n'ai jamais douté, du moins pas longtemps, face à ces épreuves. Je m'en suis remise à ma résilience. Et je sais que ma lente navigation vers la guérison est le fruit de ma formation spirituelle.

Au cours des fréquents séjours à l'hôpital pour de multiples opérations, j'ai gardé à l'esprit le message de Nichiren :

Nam-myoho-renge-kyo *est semblable au rugissement d'un lion. Quelle maladie pourrait donc constituer un obstacle ?*

Me rappelant cet appel au courage, j'ai convoqué le lion qui est en moi et j'ai rugi.

J'ai rugi et rugi, et j'ai continué jusqu'à surmonter chaque problème de santé, comme j'avais surmonté tous les défis précédents.

Ce n'est pas la charge qui vous pèse,
c'est la façon dont vous la portez.

Lena Horne

Les difficultés ne sont pas nécessairement
un malheur.
Tout dépend de votre attitude.
Vous pouvez les laisser vous écraser,
ou les utiliser pour en faire une force.

Indira Gandhi

Je me suis tenu sur une montagne
de non pour un oui.

B Smith

Les défis rencontrés tout au long de notre existence sont extérieurs et intérieurs.

Je sais d'expérience que ces voix négatives dans la tête peuvent être dangereuses. Et crier que vous êtes trop vieux, trop jeune, trop gay, trop hétéro, trop mince, trop gros, trop ceci, trop cela. Qu'il est trop tard pour réaliser vos rêves, que l'amour, c'est terminé pour vous.

Vos voix négatives ont peut-être miné votre estime, nui à votre travail ou vous ont enfermé dans des relations malsaines. Le temps est venu de leur signifier leur congé. Débarrassez-vous d'elles, et vous serez le seul maître à bord.

Je sais comment reprendre le pouvoir face aux voix négatives.

Enfant, j'avais l'esprit saturé des disputes de mes parents. Remplacées par la violence de mon premier mariage. Plusieurs fois au cours de mon existence, ces voix négatives ont résonné dans ma tête. Et j'y ai cédé en essayant, aux heures les plus sombres, de me supprimer. Mais le fait d'avoir survécu m'a fait comprendre que j'avais un but, une mission.

J'ai décidé de défendre mon existence et de me battre pour mon avenir.

« Défendre » signifiait commencer par m'asseoir et chercher en moi. Le combat le plus efficace pour mon avenir devait commencer dans mon propre esprit.

J'ai exploré mon subconscient et puisé dans ma bouddhéité. J'ai inondé ma conscience du courant pur de mes prières récitées et, grâce à ma pratique spirituelle, j'ai fait taire – lentement mais sûrement – les voix négatives.

Après avoir appris l'existence des neuf consciences, j'en suis venue à considérer ces voix négatives comme des résidus karmiques – ce sédiment dont nous parlions plus haut – remonté du huitième niveau pour tourmenter mon esprit.

Une autre façon de régler le problème de ces voix est de les considérer comme des fantômes surgis du passé. Des voix négatives résonnent parfois en vous. Nous en passons tous par là à un moment ou un autre.

Évacuez-les une fois pour toutes.

Peu importe que vous connaissiez l'origine de ces messages négatifs. Ce qui compte, c'est de s'en débarrasser. Si vous leur laissez du champ, le dialogue interne toxique s'intensifie, créant une peur – une peur intériorisée – qui sabote le processus de prise de décision.

Et lorsque vous prenez des décisions fondées sur la peur, consciemment ou inconsciemment, vous finissez par attirer exactement ce que vous vouliez éviter. C'est pourquoi la maîtrise de l'esprit est cruciale, pour que vos décisions découlent d'un sentiment nourri par le bonheur plutôt que par la peur.

J'espère que vous n'entendrez plus jamais de voix négatives.

Mais si c'est le cas, voici quelques conseils simples pour les exorciser : Arrêtez d'y croire. Faites taire ces fantômes et leur négativité. Voyez-les pour ce qu'elles sont vraiment : des souvenirs, du révolu qui n'existe pas. Ce sont des illusions, des délires.

Tomber dans le piège de telles voix, c'est s'accrocher au passé. La négativité intérieure s'enracine dans le passé. Et se raccrocher au passé est une entrave à l'avenir.

Une chose est sûre : il faut tirer des leçons de toutes les expériences désagréables. Dans le cas contraire, elles continueront à exercer un pouvoir sur nous et participent de la spirale de répétition.

Se raccrocher au passé entraîne aussi une perception erronée du présent, qui peut être source de souffrance. Une perception claire de soi, des autres et du monde, tels qu'ils sont réellement, est le seul chemin vers le bonheur. Et une perception claire s'ancre toujours dans le présent.

Quittez l'histoire qui vous enferme.
Vivez-en une nouvelle,
celle que vous vous souhaitez créer.

Oprah Winfrey

Rien dans votre vie ne fonctionnera
si vous n'en êtes pas l'architecte.

Terry McMillan, *Disappearing Acts*

Je choisis de faire du reste de ma vie
le meilleur de ma vie.

Louise Hay

La perception est une force, et la façon dont nous nous percevons est étroitement liée à celle dont les autres nous perçoivent. J'en sais quelque chose. Quand j'avais vingt ans, mes proches me répétaient que j'étais intelligente, talentueuse, forte et belle. J'étais heureuse de l'entendre, mais, en privé, je ne m'étais jamais sentie belle.

La plupart des enfants sont conscients de leur apparence et commencent à remarquer celle des autres en grandissant, surtout à l'adolescence. Ce fut définitivement mon cas.

Je n'ai jamais eu l'impression d'être ce à quoi était censée ressembler une « jolie fille ». J'étais maigre – beaucoup trop à mes yeux pour être belle. À l'époque, l'idéal de la beauté était tout en formes, des rondeurs dont je ne pouvais me prévaloir.

Quand je jouais au basket au lycée, avant les matchs importants, je passais souvent la nuit chez mon amie Carolyn. Parfois, quand j'oubliais mes vêtements de rechange, j'empruntais les siens. Ses jeans allongeaient mes jambes, ça me rendait folle de joie. Un jour, je le lui ai juré, et à moi-même, que j'aurai de longs cheveux, des hanches généreuses et des jambes que tout le monde trouvera superbes.

Amusant de repenser à cela aujourd'hui, car même si mon rêve s'est réalisé et que je suis devenue presque aussi célèbre pour mes jambes que pour mon talent, je n'avais pas conscience de ma beauté.

Lorsque j'ai commencé à monter sur scène, je passais un temps fou à me préparer pour les spectacles, à m'assurer que mes cheveux étaient bien en place et ma tenue impeccable. Pourtant, quand je me regardais dans le miroir, une petite voix me susurrait que je ne serais jamais aussi belle que je l'espérais.

Pendant mon enfance, mes parents m'ont rarement témoigné de l'affection. Avec le recul, j'ai compris qu'ils étaient trop occupés à se détester mutuellement, en plus de se détester eux-mêmes, qu'ils n'avaient plus assez d'amour à partager. Pour reprendre la célèbre formule de RuPaul : « Si tu ne sais pas t'aimer, comment diable peux-tu aimer ton prochain ? »

Amen.

À l'époque, je pensais qu'un truc clochait chez moi, que je ne méritais pas d'être aimée. Je n'ai pas le souvenir qu'on ne m'ait jamais dit que j'étais belle quand j'étais petite. Je me souviens de ma mère qui coiffait délicatement ma sœur pendant que j'attendais mon tour. Je souhaitais en secret qu'elle caresse mon visage et peigne mes cheveux avec autant de soin, mais j'étais toujours déçue. Elle le faisait sans aucune tendresse et cela en disait long sur ce qu'elle ressentait – ou pas – pour moi.

Un enfant qui ne se sent pas aimé fera un adulte complexé.

Malgré tous mes efforts pour dépasser les dysfonctionnements de mon enfance, ils se sont insinués dans ma conscience. J'ai essayé d'oublier cette triste période, mais ces voix fantômes et négatives sont restées avec moi. Trentenaire, je les entendais encore me souffler des mensonges.

Les critiques des médias n'étaient pas forcément méchantes, mais tout me ramenait à mes insuffisances supposées. Des adjectifs comme « racoleuse », « sauvage » et « brutale » faisaient écho à mes voix négatives et me confortaient à mon *Tina, tu n'es pas jolie*.

Rien ne semblait pouvoir inverser ce schéma, et l'environnement violent qui était le mien n'arrangeait rien. Même après m'être libérée, impossible d'accepter ma beauté. Et par beauté, j'entends aussi valeur.

Mais après plusieurs années de pratique, j'ai eu une révélation. J'ai réalisé que je portais toujours ces fardeaux de l'enfance, ce qui nuisait à mon bien-être.

Cela peut sembler évident aujourd'hui, en regardant ma vie (bien documentée), mais à l'époque, c'était un scoop.

J'ai alors décidé de penser positivement. Dès qu'une mauvaise idée surgissait, j'en invoquais une positive huit fois de suite pour chasser le négatif. Très vite, je me suis mise à m'aimer, avec tous mes défauts. J'ai cessé de me comparer aux autres (grossière erreur à ne pas commettre), et j'ai enfin perçu ma beauté.

Les canons de la beauté glissaient sur moi – seul comptait ce que je ressentais. Je me trouvais trop masculine, avec des jambes trop musclées. Puis j'ai commencé à vraiment aimer mes formes, mes jambes, et apparemment, cela s'est vu.

Après cette transformation de la conscience, peu avant la sortie de mon album *Private Dancer*, j'ai joué devant quelques privilégiés. Je me suis coiffée, maquillée et habillée moi-même, une tenue plus décontractée qu'impressionnante.

Les commentaires ce soir-là étaient pleins d'adjectifs nouveaux. Des termes tangibles que je me répétais devant le miroir, des mots que j'aurais aimé entendre de ma mère : « belle », « magnétique » et « radieuse ».

Les profonds changements de ma conscience et de cette nouvelle perception n'avaient pas seulement provoqué une transformation intime, mais aussi affecté les personnes autour de moi. Ils me voyaient différemment parce que j'étais autre. Je rayonnais d'acceptation de soi et de confiance.

Remplacer les illusions par la clarté, les idées négatives par des positives, voilà comment se libérer de la souffrance.

S'il y a un aspect de vous-même que vous n'aimez pas, j'espère que vous utiliserez un allié – récitation, méditation, yoga, psychothérapie – pour vous purifier l'esprit du négatif, passé et présent, et transformer ces poisons en remèdes (plus d'informations à ce sujet au chapitre 5).

Qui d'entre nous n'a pas, à un moment donné,
succombé à la propagande, s'est regardé
dans un miroir et s'est senti en manque ?

Marcia Ann Gillespie

Le type de beauté que je désire le plus
est la plus difficile à obtenir
et vient de l'intérieur : force, courage, dignité.

Ruby Dee

Tout ce que vous affrontez ne peut être changé,
mais rien ne peut être changé
tant que vous ne l'avez pas affronté.

James Baldwin

Et même lorsqu'on réussit à étouffer sa négativité, les sources de désagrément extérieures ne manquent pas, comme la discrimination.

Quand j'étais jeune, on n'attendait pas grand-chose des femmes, surtout d'une « femme de couleur » comme moi. Jusqu'à mes vingt-cinq ans, la discrimination raciale était légale. Si les lois ont changé, les mentalités n'évoluent pas aussi vite.

Je pensais que la plus belle carrière que je pouvais espérer était celle d'enseignante ou d'infirmière. J'ai toujours eu la fibre maternelle, et ma mère voulait que je devienne infirmière pédiatrique ou enseignante, préférant la première option parce que c'était mieux payé. J'ai travaillé comme aide-soignante et j'ai beaucoup appris de cette expérience. Mais au fond de moi, j'ai toujours pensé que j'enseignerais un jour.

Ce livre est une façon pour moi de transmettre et de réaliser un vieux rêve – à quatre-vingts ans passés. J'espère que cet exemple vous incitera à ne jamais renoncer à vos rêves.

En tournée aux quatre coins du pays avec l'*Ike & Tina Turner Revue* au début des années 1960, il y avait encore des hôtels pour Blancs et d'autres pour gens de couleur. Et croyez-le ou non, même les hôtels pour gens de couleur ne nous laissaient parfois pas entrer, les artistes étant méprisés par certains propriétaires noirs. C'est ainsi que j'ai découvert la discrimination au sein même de la communauté noire.

Le racisme et la discrimination de classe ne marquèrent que le début de mon expérience des préjugés. Plus tard, j'ai été confrontée à l'âgisme et au sexisme. À quarante-deux ans, j'essayais de relancer ma carrière. J'étais une mère célibataire noire qui logeait chez des amis parce que sans le sou après mon divorce, et pour atteindre mes objectifs, j'ai dû surmonter beaucoup d'obstacles, qui semblaient parfois insurmontables.

Le milieu du show-business, malgré sa réputation tolérante, a été rude quand j'ai cherché à travailler en tant qu'artiste solo. Je me suis heurtée à de gros préjugés : certains gros bonnets m'ont dit que j'étais trop vieille (à seulement quarante-deux ans !). Et le fait que je sois une femme et une Noire ne correspondait pas à l'idée qu'ils se faisaient d'une star du rock.

Je ne me suis pas laissé abattre et j'ai continué à lutter. Avec passion, et sans jamais renoncer. J'ai compris que je ne changeais pas seulement mon propre karma, mais qu'à la lumière des huitième et neuvième niveaux de conscience, je contribuais également à changer le karma de la société humaine.

J'espère que mon histoire personnelle pour briser ces barrières fera écho et aidera d'autres personnes à progresser vers le bonheur et à trouver leur magnifique conscience de Bouddha.

Après un demi-siècle à exploiter les niveaux les plus nobles de la conscience par la pratique spirituelle, je crois sincèrement que vous pouvez tout changer en intégrant la conscience de votre nature de Bouddha dans votre vie quotidienne.

Que vous découvriez la philosophie bouddhiste ou non, et même si vous ne voulez plus jamais en entendre parler après avoir lu ce livre, n'oubliez pas ceci – c'est mon interprétation personnelle de la neuvième conscience pure de l'état de Bouddha :

Je crois que nous détenons tous en nous ce que j'appelle une « pièce de Dieu », un fragment de l'énergie éternelle de l'univers, l'essence de la nature de Bouddha. Une pièce de monnaie est une pièce de valeur appartenant à un système plus grand, comme chaque être vivant est une pièce inestimable, moulée à partir de notre univers. Puissions-nous chacun chérir et étendre cette bonté à tous les êtres vivants avec lesquels nous partageons cette planète bénie.

5

Changer le poison en remède

Des pierres de tailles et de couleurs différentes brillaient dans la chaleur de midi et dansaient gracieusement sur des tiges dorées et argentées, à perte de vue. Je cheminais à travers ce champ de trésors surréalistes et cueillais les pierres précieuses que je glissais dans le sac en toile de jute à mon épaule. Je ferais mieux de rentrer avant que mon butin ne soit trop lourd, songeais-je, lorsqu'une voix me ramena à la réalité.

« Anna Mae, tu peux en porter plus », me dit un contremaître.

Je rêvais encore, transportée dans ce merveilleux endroit, alors qu'en réalité je travaillais dans un champ de coton aux côtés de mes camarades de l'école primaire.

Les vacances d'été étaient la période de l'année que je préférais. Mais parce que j'étais noire, elles étaient beaucoup plus courtes que celles des élèves blancs. À l'époque, les enfants noirs allaient dans des « écoles pour gens de couleur » et devaient aider les adultes à récolter le coton. Nos vacances d'été se terminaient en juillet et, en août, nous reprenions l'école, puis nous étions libérés pour la saison de la cueillette, de mi-septembre à novembre.

Même si c'était bref, j'étais heureuse d'être à l'air libre.

Un de mes passe-temps favoris : la recherche de trèfles à quatre feuilles porte-bonheur. Chaque fois que j'en découvrais un, je m'empressais de l'avaler. D'une certaine manière, j'espérais qu'en les mangeant, ma chance allait tourner. Je ne réalisais pas que ma chance - mon destin - était en moi.

Quand je repense à mon enfance, jusqu'à mon déménagement à Saint Louis à la fin de l'adolescence, puis à ma carrière en tant que « Tina Turner », avec la naissance de mes fils, et la célébrité que j'ai connue, j'ai fini par comprendre que chaque existence connaît son lot de problèmes.

Je n'ai jamais rencontré personne qui n'ait connu aucun revers dans sa vie. Ce n'est qu'une question de temps avant que les problèmes surgissent.

C'est la vie !

Pas de panique si vous pensez être seul à devoir relever des défis.

Si les gens autour de vous semblent ne pas avoir de problèmes, cela signifie juste que vous ne les connaissez pas assez bien, ou qu'ils sont très habiles pour les dissimuler. Ce sont des passages obligés pour tous les êtres vivants. Comme le disait Nichiren : « Personne n'échappe aux problèmes, pas même les sages. »

J'ai découvert que vivre heureuse ne consiste pas à tenter d'éviter l'inévitable. La joie vient de notre capacité à surmonter les problèmes, du plus infime au plus dramatique.

Vous êtes peut-être naturellement optimiste face à l'adversité. Ce n'était vraiment pas mon cas.

Même si je ne la fuyais pas, je ne voyais pas l'intérêt de l'affronter. Quelles que soient les difficultés que je rencontrais, ma devise était : « Va de l'avant. » J'ai toujours trouvé la volonté d'avancer, mais sans faire face à ce qui me retenait.

Ce n'est que lorsque ma vie a été menacée – et que j'ai plongé au tréfonds de moi-même – que j'ai découvert le concept bouddhiste de la transformation du poison en remède, qui a changé ma vie.

Il a envahi mes pensées alors que j'étais sur la scène de l'Aldwych Theatre à Londres en avril 2018, contemplant les sièges de velours rouge et les murs dorés ornés de plâtres.

C'était la première de mon show *Tina : The Tina Turner Musical*, et je voulais goûter un moment de calme avant que les invités ne prennent place. En regardant avec les yeux de cette petite fille dans les champs de coton qui ne rêvait que de grâce et de beauté, je me suis sentie fière d'elle, et de moi, car nous n'avions jamais renoncé à nos rêves.

Sans la lutte
la récompense est moins savoureuse.

Wilma Rudolph

Il y a deux règles dans la vie.
La première : Ne jamais abandonner.
La seconde : Ne jamais oublier la première.

Duke Ellington

L'important, ce n'est pas de savoir
si nous avons des problèmes,
mais de savoir comment les affronter.

Rosa Parks

J'ai encore des frissons en pensant à la scène d'ouverture du spectacle, cette enfant dans les champs, et aux nombreux poisons au cours de mon voyage entre le passé et le présent. J'ai eu de nouveau la chair de poule plus tard dans la soirée lorsque j'ai rejoint la troupe pour le rappel et que j'ai regardé les visages du public qui applaudissaient, souriaient et pleuraient.

Si ma vie peut être une source d'inspiration, sachez que vous êtes également capable de transformer le poison en remède.

Voyons ce que signifie exactement « changer le poison en remède ».

Cette expression trouve son origine chez un sage nommé Nagardjuna, un érudit bouddhiste qui vécut en Inde vers l'an 200 de notre ère. Il voyait en la sagesse du *Sûtra du Lotus* « un grand médecin qui peut changer le poison en remède ».

Au Japon, mille ans plus tard, Nichiren cite cette phrase lorsqu'il enseigne à ses disciples comment affronter les problèmes et s'en servir pour renforcer sagesse, courage et compassion.

Face à l'adversité, il est fréquent de glisser vers des états inférieurs, ce qui ne fait qu'aggraver la situation. Que nous en ayons conscience ou non, depuis ces états inférieurs, même les plus gros efforts pour résoudre nos problèmes peuvent avoir l'effet inverse.

La pression augmente, les vieilles habitudes refont surface et nos voix fantômes sont de mauvais conseil, notre ego tentant de prendre le dessus.

Avez-vous remarqué combien l'ego affectionne les problèmes ? C'est l'occasion pour lui de vous dire, ainsi qu'à tout le monde, combien il a raison (ou peut-être combien il est incompris). Laissez votre ego se mêler de la gestion des difficultés et c'est la catastrophe assurée.

Pourtant, jusqu'au début de la trentaine, je réagissais ainsi face à l'adversité. Mes problèmes, comme leurs solutions, n'étaient que poisons. Incapable de clairvoyance, ma perception faussée m'amenait à répondre à l'adversité de manière inappropriée, m'entraînant dans un tourbillon de comportements encore plus destructeurs.

Cependant, lorsque j'ai commencé à assister aux réunions de la SGI chez mon amie Ana Shorter, j'ai écouté des témoignages de pratiquants, la manière dont certains problèmes pouvaient élever vers un état plus heureux. Ils disaient avoir « changé le poison en remède » et promettaient que je pouvais faire de même.

J'étais heureuse pour eux, mais sceptique d'apprendre que mes problèmes pouvaient m'être utiles. Et si j'étais toute prête à croire qu'il était possible de les transformer en bienfaits, j'avais du mal à imaginer comment, avec l'impression tenace que mes malheurs étaient un puits sans fond.

Parmi les pratiquants, il y avait quelques dames japonaises âgées qui rayonnaient de joie et de compassion. Elles avaient connu les horreurs de la Seconde Guerre mondiale et l'une d'entre elles avait survécu au bombardement atomique de Nagasaki. Elles avaient déménagé aux États-Unis avec leurs maris, des militaires.

Un jour, après la pratique, nous avons discuté de mes problèmes. Kimiko m'a demandé : « Tina, tu affirmes que la liste est trop longue pour les énumérer. Mais à quel genre de problèmes penses-tu ? »

Je suis plutôt pudique, mais quelque chose chez ces femmes épanouies m'a rassurée et je me suis confiée. Sans me plaindre, exposant simplement les faits.

Le départ d'Ike et le divorce se sont révélés plus compliqués que je ne l'aurais imaginé. J'avais une armée d'avocats aux basques parce que j'avais renoncé à des contrats de concerts et d'enregistrements que j'étais censée honorer avec Ike. J'étais aussi harcelée par des nervis à la solde d'Ike, censés m'intimider en incendiant la voiture d'un ami ou en tirant à balles réelles dans mes fenêtres.

De plus, j'étais couverte de dettes, sans économies ni revenus et sans lieu où vivre (Ana et Wayne Shorter nous hébergeaient avec mes fils). Une femme noire d'une quarantaine d'années qui essayait de relancer sa carrière d'artiste de rock solo dans une industrie qui privilégiait avant tout les jeunes hommes blancs. Sans oublier mes problèmes de santé.

Alors que je terminais mon triste monologue, je vis les visages de mes amies s'illuminer. À ma grande surprise, elles semblaient impressionnées, voire émerveillées.

Tout le monde a applaudi avec enthousiasme : « Félicitations, Tina ! Tu as beaucoup de chance ! »

Je vous demande pardon ?

Un instant, j'ai cru qu'elles n'avaient rien compris à ce que je venais de dire, ou peut-être les avais-je mal entendues.

Non, c'était bien ça, elles me félicitaient.

« Pourquoi diable me féliciter de ce gâchis ? » ai-je demandé.

Et c'est là que j'ai vraiment commencé à comprendre le principe de la transformation du poison en remède.

« En s'élevant, expliqua Kimiko, on est capable de transformer l'énergie négative de nos malheurs en énergie positive, une énergie qui appelle la chance. »

« Si catastrophique soit-elle, m'a-t-elle rassurée, la situation peut s'inverser pour le meilleur. »

« Avec tous ces soucis, a poursuivi Kimiko, si tu fais du poison un remède, le positif qui en ressortira ne sera que plus impressionnant. Voilà pourquoi nous te félicitons. »

J'étais soulagée et excitée. Cette accumulation de négativité, je la voyais désormais comme un trésor. Si tous ces problèmes pouvaient vraiment servir de carburant pour me propulser vers le haut, alors j'étais prête à devenir la première Américaine dans l'espace. À cet instant, j'avais l'impression d'en avoir assez pour gagner les étoiles.

Plus tes problèmes sont importants, plus ils peuvent t'apporter de bienfaits, me suis-je répété.

Difficultés, opposition, critiques –
autant de difficultés
censées être surmontées. On ressent
une certaine joie à les affronter
et à en ressortir vainqueur.

Vijayalakshmi Pandit

Votre cœur brisé, faites-en de l'art.

Carrie Fisher

Le caractère ne peut se développer
dans la facilité et la tranquillité.
Ce n'est que par l'épreuve
et la souffrance que l'âme peut trouver la force,
nourrir de l'ambition et atteindre le succès.

Helen Keller

Le concept de la transformation du poison en remède part du principe que, lorsque vous améliorez votre état de vie, la sagesse, le courage et la compassion qui en résultent transforment le négatif en positif. Un problème mineur, vous pouvez en faire un petit avantage. En cas de pépin majeur, le potentiel bénéfique est proportionnel.

Pour cela, il suffit d'avoir la certitude que l'on va surmonter les difficultés, mais aussi s'épanouir grâce à elles, et prendre de la hauteur.

La clé est d'élever votre état de vie, comme nous l'avons vu au chapitre 2. Si vous manquez de confiance, de concentration ou que vous avez besoin d'être stimulé, alors pratiquez, méditez, faites de l'exercice ou toute autre activité saine qui vous porte.

En élevant votre état de vie, vous jetez les bases de changements significatifs et durables dans votre existence.

Ce n'est qu'en atteignant un état supérieur que l'on peut faire face avec l'esprit ouvert. Plus aucun problème n'est alors insurmontable, aucun obstacle infranchissable.

De cet état supérieur, les obstacles contiennent les leçons grâce auxquelles nos rêves peuvent devenir réalité.

Grâce à cette compréhension, nous pouvons faire apparaître de nous-même la sagesse pour choisir les réponses et actions positives (en pensées, paroles et actes) qui conduiront à des changements constructifs.

1

À la fin des années 1970, je lis comment « changer le poison en remède », un principe qui m'a aidée à transformer ma vie.

2

Un moment de bonheur immortalisé au cours de cette journée de 1977 évoquée dans le chapitre 2, où je partage un moment inoubliable avec Cher dans son émission télé.

3

Moi en mère de famille comblée, riant avec mes deux fils chéris, Craig (à gauche) et Ronnie (à droite), dans notre maison de Los Angeles en 1979.

4

Un moment de détente dans mon fauteuil personnalisé du tournage du film *Tommy*, avec une partie de ma précieuse collection de livres au mur.

Polissant le miroir de mon existence en récitant *Le Sûtra du lotus* et *Nam-myoho-renge-kyo* au cours de mes prières matinales.

6

Prenant la pose en Wonder Woman, je suis au sommet de l'arc-en-ciel alors que ma carrière solo décolle au début des années 1980.

7

8

Sur la scène du festival bouddhiste pour la paix de la SGI à Washington, D.C., en 1982, où je me suis promis de toujours inspirer l'espoir par ma musique.

9

Été 1985, je pratique à New York, reconnaissante que le dernier *Mad Max : Au-delà du dôme du tonnerre* soit un succès au box-office.

10

Émue et honorée en recevant l'Essence Award en 1993, après que ma chère amie Ann-Margaret m'a rendu hommage sur scène.

11

Serrant dans mes bras un petit patient de l'hôpital pour enfants St. Jude, que je soutiens avec fierté, dans mon État natal du Tennessee, en 2000.

12

Par la fenêtre de ma salle de prière au deuxième étage, je contemple avec ravissement les invités de mon mariage qui arrivent en juillet 2013.

13

Je ne boude pas mon plaisir de revenir au studio Beyond en 2017, lors d'une parenthèse entre deux traitements médicaux.

14

J'aime me promener dans mon jardin avant mes prières
du soir, alors que le soleil se couche sur le lac de Zurich.

Ce processus a été l'occasion pour moi de grandir et de devenir une version meilleure et plus heureuse de moi-même. Chaque obstacle pouvait m'aider à devenir plus sage, plus forte et plus compatissante.

Comme pour le lotus, plus la boue était profonde, plus ma fleur allait être belle. Et non pas malgré la boue, mais *grâce* à elle.

J'ai éprouvé la vérité du vieux dicton selon lequel lorsque vous pointez un doigt, il y en a toujours trois qui vous désignent – un rappel qu'il faut toujours se contenir.

Au sein de la communauté bouddhiste, nous avons l'habitude de dire : « Il n'y a pas de culpabilité, seulement de la responsabilité. »

Donc lorsqu'un problème survient, nous ne devons pas le considérer comme mérité en raison de notre karma négatif. Inutile aussi de chercher un coupable : le blâme relève de l'ego.

Il faut assumer sa responsabilité et gérer les soucis avec calme et rationalité, en cherchant plus de bonheur pour tous. C'est parfois plus facile à dire qu'à faire, qu'il s'agisse d'un problème majeur ou d'un « Plan Oups », comme j'appelle les drôles de mésaventures que nous vivons. J'ai connu mon lot de « Plans Oups », comme cette nuit où je me suis un peu trop lâchée avec mon groupe en fin de soirée.

La veille de notre dernier concert en Nouvelle-Zélande, nous avons organisé une fête où tous les hommes du groupe (à l'exception de mes danseurs) m'ont fait la surprise de se déguiser en femmes pour me ressembler et chanter mes chansons.

J'ai bu trois ou quatre coupes de champagne. Ce qui n'est pas un problème pour la plupart des gens, mais moi qui n'ai pas l'habitude, ça m'a anéantie. Par ailleurs, je me suis couchée beaucoup plus tard que d'habitude une veille de spectacle. En plus, ce que j'avais mangé m'était resté sur l'estomac.

Le lendemain : fatigue, mal de crâne et symptômes d'intoxication alimentaire. Incapable de m'extraire du lit de ma chambre d'hôtel une bonne partie de la journée, je me voyais mal réussir à chanter. Pire, ce dernier concert était en extérieur, et il pleuvait comme vache qui...

Pourtant, il n'était pas question d'annuler. J'avais survécu à bien pire et ce n'était pas une petite intoxication et un mal de tête qui auraient raison de moi. Mes fans étaient venus de loin et prêts à m'écouter debout sous la pluie. J'ai donc entrepris de transformer le poison en remède. J'ai pratiqué pour rassembler mes forces et donner au public une performance au-delà de toutes ses attentes.

Environ une heure après avoir commencé à réciter, la nausée a disparu. Je débordais d'énergie tout en étant calme, mais aussi impatiente d'être sur scène.

Arrivés sur place, il pleuvait à verse, la scène était glissante et le vent à décorner les bœufs. Timmy Cappello, mon saxophoniste, chaussé de Doc Martens, avançait avec précaution. Moi, j'étais en talons hauts.

Et je ne devais pas seulement marcher avec, mais aussi danser !

Pendant le spectacle, je me suis donnée à fond. Je me suis éclatée. La pratique, et la conviction de pouvoir transformer les problèmes ont fait, une fois de plus, du poison le remède.

Comme je l'ai dit, l'ego se délecte des problèmes. Allongée sur mon lit, malade en Nouvelle-Zélande, mon ego me susurrait d'annuler, énumérant mentalement tous les problèmes à affronter. J'ai réussi à inverser la tendance.

L'égo s'en délecte non pas parce qu'il veut en faire du positif, mais parce qu'il peut les utiliser pour nous garder sous son charme. Il s'en drape pour perpétuer le drame, choisir la facilité et fuir ses responsabilités.

Parfois, notre ego souhaiterait nous convaincre que nous sommes parfait tel que nous sommes, que les autres n'ont rien à nous apprendre.

Même avec notre ego sous contrôle, si nous n'avons personne pour nous guider dans la vie, il est difficile d'avoir une vision claire de sa situation, ou de ce que l'on veut faire. Il est parfois compliqué d'opérer des changements positifs sans un exemple pour nous encourager et éclairer notre chemin.

La tradition bouddhiste nous enseigne que l'une des clés pour se libérer des liens de l'ego est de chercher un mentor ou un maître spirituel pour nous aider à améliorer notre état de vie. Le mentor brise le petit moi de l'ego et ouvre la voie à sa nature de Bouddha.

Si vous avez appris un métier, si vous êtes un artiste ou un athlète, vous n'ignorez sans doute rien de la dynamique mentor-disciple. Pourtant, il semblerait qu'au cours du temps, la relation mentor-disciple se soit distendue. L'idée que vous pouvez apprendre tout ce que vous voulez par vous-même est devenue courante.

Si vous doutez des bienfaits d'avoir un mentor, pensez au nombre d'athlètes de haut niveau ou d'équipes pros qui n'ont pas d'entraîneur. Zéro. Combien de vos films préférés sont réalisés sans producteur ou réalisateur ? Zéro. Combien des meilleures écoles fonctionnent sans directeurs ? Zéro.

Tout grand leader, quel que soit son domaine, a d'abord eu un grand mentor.

En trouver un qui vous inspire et vous guide est une expérience qui change la vie. Un mentor nous aide à transcender les limites de nos capacités. Il peut être toute personne qui nous apprend à grandir comme nous n'aurions pu le faire seul.

Peu importe ce que vous avez accompli,
quelqu'un vous a aidé.

Althea Gibson

Un mentor est quelqu'un qui vous permet
de voir la meilleure partie de vous-même
quand parfois elle vous échappe.

Oprah Winfrey

Montrez-moi quelqu'un qui a réussi
et je vous montrerai celui ou celle
qui a positivement influencé sa vie...
Un mentor.

Denzel Washington

Un mentor aide à se voir autrement. Il est possible d'en trouver un à tout âge. Et il n'est pas forcément de chair et d'os, on peut par exemple éprouver sa sagesse via ses écrits.

Avec le recul, je constate que j'ai eu la chance d'en connaître un certain nombre. Mon premier mentor fut ma cousine Margaret, qui m'a enseigné la faune et la flore, et m'a appris à prendre soin de moi. Pendant mon adolescence, j'ai eu la chance d'avoir d'excellents professeurs au lycée. Sans oublier les Henderson, la famille pour laquelle je travaillais, pour les bonnes manières en société. Et leur relation saine, un exemple d'état de vie supérieur auquel j'aspirais.

Si mon premier mariage a été catastrophique, au début, il y a eu du positif. Je n'étais qu'une adolescente lorsque j'ai rencontré Ike, et je ne connaissais rien au monde de la musique. Quand nous n'étions encore qu'amis, il a été mon mentor musical et il m'a fait découvrir l'industrie du divertissement, les techniques d'enregistrement et les styles d'interprétation. Mais ça n'a pas duré bien longtemps et a pris fin quand on s'est mariés.

Plus tard, j'ai eu la chance de rencontrer mon mentor spirituel, Daisaku Ikeda, la principale voix du bouddhisme de Nichiren. Son message de sagesse a changé ma vie.

Mon manager, Roger Davies, est devenu le mentor de ma carrière qui m'a guidée vers les disques d'or et le succès mondial dont j'avais toujours rêvé.

Puis j'ai rencontré Erwin Bach, mon véritable mentor en amour, un partenaire de vie inébranlable, mon âme sœur et mari. Il m'a appris à aimer sans renoncer à qui je suis, car nous accordons la liberté et l'espace nécessaires aux individualités que nous sommes pour former un couple. Erwin, authentique force de la nature, n'a jamais été intimidé par ma célébrité. Il m'a montré que le véritable amour n'exige pas que l'un se réfrène pour que l'autre puisse briller. Au contraire, nous sommes la lumière de la vie de l'autre, et nous souhaitons briller autant que possible, ensemble.

Depuis toujours, mon instinct me pousse à rechercher des personnes qui en savent plus que moi pour apprendre d'elles. C'est l'essence même du mentorat.

Si partir en quête d'un mentor est instinctif, la société moderne a brimé cet élan, les réseaux sociaux étant de plus en plus antisociaux, et l'individualisme prôné jusqu'à l'isolationnisme. Espérons que cette tendance s'inversera.

En 2014, mon ami Herbie Hancock a été invité à donner une série de conférences à l'université de Harvard, où il a évoqué le mentorat et la transformation du poison en remède. Herbie a parlé de son mentor en jazz, Miles Davis, qui lui a appris qu'« un vrai mentor peut tracer un chemin pour trouver de vraies réponses » et « tendre la main, grandir tout en aidant les autres ».

Le jazz lui-même est un exemple de poison changé en remède.

Les Afro-Américains l'ont inventé, remède à la terrifiante expérience de l'esclavage. Né du mélange de la culture africaine, du gospel et du blues, et luttant pour le moral des opprimés, le jazz réconforte aujourd'hui des millions d'individus aux quatre coins de la planète.

Il occupe une place à part dans mon cœur.

Quand j'ai quitté Ike en 1976, j'étais sans le sou. Je voulais travailler, mais difficile de me relancer en solo. Dès que quelqu'un entendait « Tina », il demandait : « Où est Ike ? » Je manquais de tout pour démarrer une nouvelle vie. Dans ces moments difficiles, deux musiciens de jazz et leurs familles nous ont accueillis, mes fils et moi. Wayne Shorter et sa famille ont pratiqué avec nous et nous ont hébergés lorsque nous n'avions nulle part où aller.

Ils m'ont poussée à ne jamais abandonner, à rêver toujours plus.

Des années plus tard, en 1982, Wayne, Herbie et moi avons eu l'honneur de participer à un festival bouddhiste pour la paix à Washington. Pour l'occasion, nous avons fait le vœu d'être des bodhisattvas de la musique : inspirer espoir et paix à travers nos carrières artistiques. Un quart de siècle plus tard, nous nous sommes retrouvés, cette fois sur l'album de Herbie, *River : The Joni Letters*, récompensé d'un Grammy Award.

J'avais remporté de nombreux Grammies, mais jamais celui de l'album de l'année, et le partager avec ces vieux compagnons de route a été une fabuleuse expérience. Pour moi, l'aboutissement de la transformation pour chacun de nous, au fil des ans, du poison en remède, grâce à notre vœu de bodhisattvas musicaux. Quelle merveilleuse manière de boucler la boucle avec ces légendes du jazz.

« Tina, qu'attends-tu de la vie ? » m'a demandé un jour Wayne.

Rentré d'une tournée la semaine du 4 juillet 1976, il m'a trouvée en train de récurer le sol de sa cuisine. Ana et lui ont bien essayé de m'empêcher d'accomplir ce genre de corvées au cours des cinq mois où nous avons vécu chez eux, mais rendre service était une façon de transformer le poison en remède. Cela ne me dérangeait pas du tout de faire le ménage, et qu'ils en soient conscients ou pas, mes amis avaient besoin de cette aide.

Je suis une pro du rangement et, à cette époque, quand je squattais chez des amis, j'aimais faire briller leur intérieur. Je me sentais utile, et ma vie et mon état s'en trouvaient améliorés.

Le meilleur moyen d'atteindre la bouddhéité,
consiste à rencontrer un ami de bien.
Jusqu'où peut nous conduire notre propre sagesse ?
Si nous avons juste assez de sagesse
pour distinguer le chaud du froid,
nous devrions rechercher un ami de bien.

Nichiren

Avoir des amis de bien et progresser avec eux
n'est pas la moitié de la voie du Bouddha,
mais la voie tout entière du Bouddha.

Shakayamuni

Ne pas avancer, c'est reculer.

Tsunesaburo Makiguchi

Réapparaissant dans la cuisine, Wayne m'a demandé : « Si tu pouvais avoir n'importe quoi, ce serait quoi ? Pour toi-même, les gens que tu aimes, ta communauté, pour le monde entier. »

Je ne savais pas quoi répondre. Pour la première fois, j'étais seule, et l'avenir que je souhaitais semblait des plus flous.

Quelle que soit votre situation, c'est un exercice précieux que de se poser cette question. Quel serait votre vision du bonheur ? Quel désir anime vraiment votre cœur ?

À la vingtaine et au-delà, je ne savais pas ce que je voulais et je ne m'étais pas vraiment demandé où je souhaitais aller. Mais je me suis lancée.

Cela peut sembler évident, mais si vous ne savez pas ce que vous voulez, comment l'obtenir ? Si vous n'avez pas idée de ce que représente votre épanouissement, il vous sera difficile de l'atteindre. Comme de partir en voyage sans destination, où l'on finit par errer. L'errance peut être distrayante un instant, mais elle finit par devenir frustrante. Un chemin sans but n'est pas exactement le terreau d'une vie heureuse.

Sans réponse de ma part, Wayne m'a suggéré d'imaginer une mission sous forme de déclaration pour mon existence, afin de m'aider à définir une direction claire.

J'ai cherché en moi-même, oubliant ce qui me retenait, et j'ai commencé à voir en moi plus clairement.

J'ai su ce qui devait changer pour que je sois heureuse et que je réussisse. Lorsque j'ai vu clairement en moi, j'ai su que je pouvais tout changer.

C'est l'essence de la récitation de *Nam-myoho-renge-kyo*. Une fois que j'ai compris ça, j'ai pratiqué assidûment, récitant plusieurs heures par jour.

J'étais enfin sur la voie de la révélation de mon véritable moi. En élevant mon état de vie, j'ai gagné en clarté et en force pour transformer tous les poisons en remèdes.

Si vous n'avez pas établi de vision de ce que pourrait être votre « mission », je vous encourage vivement à en trouver une, à être franc avec vous-même sur ce que vous voulez vraiment. Pas grave s'il y a un monde entre la réalité et vos rêves. Ainsi va la vie. Comme disait Einstein, nous devons poursuivre des objectifs que nous pouvons « tout juste atteindre en déployant les plus grands efforts ». Lorsque la vie est difficile, revenir à votre mission, votre vœu, vous aidera à améliorer votre état.

Et une fois que votre état de vie s'élève, tout est possible, y compris l'impossible. La clé est de continuer à avancer, même si ce n'est qu'à petits pas, avec la conviction que vous allez atteindre vos objectifs.

Éliminez tout doute de votre esprit.

Et rappelez-vous que le « comment » n'est pas aussi important que le « quoi ».

Une fois devenue bouddhiste, je n'ai jamais douté que j'arriverais là où je souhaitais aller. Mais la plupart du temps, je n'avais aucune idée de comment y parvenir. Ce « comment », je le laissais aux soins des mécanismes mystiques de mon âme.

Tout au long de ce processus, j'ai relu ces quelques lignes de Daisaku Ikeda : « Une chose est sûre : le pouvoir de la croyance, le pouvoir de la pensée, fera évoluer la réalité dans le sens de ce à quoi nous croyons. Si vous pensez vraiment pouvoir faire quelque chose, alors vous le pouvez. C'est un fait. Lorsque vous envisagez clairement la victoire, la gravez dans votre cœur, fermement convaincu de l'atteindre, votre esprit fera tout pour réaliser l'image mentale créée. Grâce à vos efforts incessants, cette victoire devient enfin réalité. »

Ainsi, à aborder les obstacles comme des catalyseurs, à changer tout poison en remède sans me plaindre, j'ai profondément changé.

Les miracles ne se sont pas produits du jour au lendemain. Mais à force de patience et de persévérance, les transformations miraculeuses ont opéré en moi. Peu à peu, les améliorations environnementales ont pris le pas de ces transformations intérieures.

L'obscurité froide et hivernale de mon monde intérieur a finalement laissé place à un printemps radieux.

C'est alors que ma véritable évolution, ma révolution, a pu commencer.

6

La révolution du cœur

Le soleil matinal filtrait par la fenêtre tandis que je sirotais mon thé. Les figurines de cristal sur la table captaient les rayons, jetant des gerbes de couleurs sur le mur.

Cette lumière dorée partie du Soleil environ huit minutes plus tôt avait parcouru 93 millions de kilomètres pour atteindre la pièce.

Rien n'est éternel, et ce précieux spectacle prendrait fin. Mais j'étais, et serai toujours, ravie que le grand spectacle de cette étoile bien-aimée se poursuive des milliards d'années. Encore un miracle ordinaire dont nous sommes les témoins sur ce paradis qu'est notre Terre.

Des années durant – près de deux décennies – j'ai été aveugle à la beauté des merveilles simples de la nature. Je n'avais pas quitté la planète, elles étaient là, tout autour de moi. Mais j'avais l'impression d'être ailleurs, comme enveloppée d'un épais brouillard. La beauté du monde m'échappait.

Mon karma négatif m'avait attirée si bas que le simple fait d'exister était une corvée. J'avais perdu toute joie de vivre.

Et pourtant, la vie, sous toutes ses formes, est un cadeau inestimable. Une vie simple, sans fioritures, est un héritage d'espoir pour notre mère la Terre. J'ai en tête ces mots de Nichiren : « La vie est le plus précieux des trésors. Une seule journée de vie supplémentaire vaut plus que dix millions de ryo d'or. »

Mais dans la routine trépidante du métro, boulot, dodo, il est facile de passer à côté de la beauté des choses. Et encore plus confronté à des responsabilités, des échéances et autres problèmes pratiques.

À un moment ou à un autre, on se replie dans sa coquille, espérant échapper au quotidien. Sans parler des défis majeurs que sont les quatre souffrances universelles : la naissance, la maladie, le vieillissement et la mort. Et sans se recroqueviller, il existe un autre refuge : sa zone de confort.

Dans les deux cas, cela ne fait pas grandir.

Nous avons un dicton dans la communauté bouddhiste : Si vous n'avancez pas, alors vous reculez, car tout dans l'univers est toujours en mouvement. Donc si vous ne vous efforcez pas de progresser, attention : vous reculez sans même vous en rendre compte.

C'était mon cas avant de commencer à pratiquer. Je prenais la réussite matérielle – la célébrité, la belle maison, les vêtements de marque et les voitures de luxe – pour une réussite en soi dans la vie. Mais j'ai fini par comprendre que malgré ces signes extérieurs de richesse, je reculais dans le seul domaine qui comptait vraiment – mon état intérieur. Cela s'est manifesté de plusieurs manières. Les concerts, que j'aimais autrefois, sont devenus une corvée. Je n'aimais plus mon apparence, ma voix, les interviews, plus grand-chose ne m'animait. Mais la vérité, c'est que je ne m'aimais pas.

Jusqu'à ce que je découvre la sagesse libératrice de la « révolution humaine ». Au cours des quarante-sept dernières années, j'ai utilisé ce processus de transformation intérieure pour libérer mon joyeux potentiel de vie.

Trop de révolutions dans l'histoire ont fait de trop nombreuses victimes et ont été mères de misère. Mais la révolution humaine est tout autre.

Un pas après l'autre, chaque jour, j'ai avancé intérieurement. J'ai atteint des sommets de créativité et pris conscience du caractère sacré de mon existence et de celles de tous ceux qui m'entouraient. Selon moi, la meilleure des révolutions.

La révolution humaine est stable et intérieure. C'est une révolution du cœur, un processus de croissance personnelle par le défi – le résultat lorsque nous nous mettons au défi de nous améliorer.

Cette révolution, la plus humaine de toutes, m'a aidée à briser la carapace de mon « petit moi » égoïste et à révéler le « grand moi » qui existe en chacun. Ce grand moi est une partie indestructible et éternelle de chacun de nous, capable d'une sagesse, d'un courage et d'une compassion sans limites.

Dans ma famille baptiste, une telle révolution du cœur est décrite comme une « nouvelle naissance ». J'ai entendu d'éminents prédicateurs raconter l'histoire des quarante jours et quarante nuits de Jésus dans le désert, qui, selon eux, ont catalysé sa révolution humaine. Car lorsque Jésus est revenu, il était transformé.

Heureusement, pas besoin de disparaître dans le désert quarante jours et quarante nuits pour expérimenter le changement. J'ai découvert que la révolution humaine n'a pas à être extraordinaire. Par exemple...

Une lycéenne qui n'a jamais été excellente élève, mais décide de se lancer un défi en choisissant des matières qu'elle trouve difficiles, comme le français.

Cette fille, c'était moi.

Je n'étais pas douée pour les langues et cette matière n'était pas obligatoire, mais je voulais me tester.

Une jeune femme solitaire, pas à l'aise en groupe, mais qui intègre des équipes sportives et des clubs, et se porte volontaire pour organiser des événements étudiants.

Cette jeune femme, c'était moi aussi.

Surtout, j'aimais être seule. Je ne m'ennuyais jamais. Mais à l'approche du lycée, j'ai senti que rester à l'écart n'était peut-être pas l'idéal, alors j'ai fait un effort pour sortir de ma zone de confort.

J'ai rejoint l'équipe d'athlétisme et celle de basket, et je suis devenue pom-pom girl. Je jouais les matchs puis me dépêchais d'enfiler ma tenue de pom-pom girl, et revenais pour les encouragements !

Ce sont là quelques-unes de mes premières expériences en matière de révolution humaine. On passe sa vie à sortir de sa zone de confort, et c'est un moyen sûr d'épanouissement ; lorsque le cœur s'ouvre à la nouveauté, des merveilles se produisent.

Par exemple, les gens qui voyaient mon personnage de scène supposaient que j'étais à l'aise avec le fait d'être un soi-disant sex-symbol. Ce qui n'était pas du tout le cas.

Dans ce rôle, j'étais loin de ma zone de confort. J'ai dû travailler en conscience pour accepter cette image.

Le lieu le plus sacré
n'est pas l'église, la mosquée ou la synagogue,
c'est le temple qu'est le corps.
Là où vit l'esprit.

Susan Taylor

Le royaume de Dieu est en vous.

Luke 17:21

Plus précieux que les trésors d'un commerce
sont les trésors du corps, et les trésors du cœur
sont les plus précieux de tous.

Nichiren

Comme les gens semblaient m'apprécier en « sex-symbol », j'ai décidé de m'approprier ce personnage. En le jouant principalement pour mes fans féminines, et non pour les hommes du public, et cela pour deux raisons. Je ne voulais pas que mon public féminin soit mal à l'aise pendant mes spectacles, pensant que j'en avais après leurs hommes. Et je souhaitais encourager les femmes à révéler leur « femme phénoménale », pour reprendre le titre d'un poème de Maya Angelou.

Fixez-vous des objectifs toujours plus élevés dans tous les domaines de l'existence. Faites de votre mieux. C'est la révolution humaine.

Croyez-le ou non, le choix des chansons fut pour moi l'occasion de grandir. Des titres que je rechignais à interpréter à leurs débuts sont finalement devenus des tubes. J'ai fait preuve d'ouverture d'esprit, mais j'ai aussi fait confiance à l'oreille sûre de Roger, mon manager expert ès hits, parce que j'avais décidé de sortir de la facilité et osé me lancer dans l'inconnu.

Avant de m'approprier une chanson, il faut que je visualise comment l'interpréter sur scène. Je l'imagine du début à la fin avant de l'enregistrer. En cas de succès, je serai amenée à la jouer encore et encore, et je veux m'assurer qu'elle fera sens pour moi et mon public.

C'est via ce processus que j'ai créé certains de mes titres les plus réussis. Vous imaginez ma carrière sans *What's Love Got to Do with It ?* Mon plus grand succès, et celui qui m'a le plus transformée, ainsi que mes fans.

Pourtant, la première fois que je l'ai entendu, ce n'était vraiment pas gagné ! Si je n'avais pas été prête à sortir de ma zone de confort, à m'ouvrir et accomplir le travail nécessaire pour me l'approprier, qui sait si j'aurais percé ?

Un exemple plus récent : lorsqu'on m'a proposé de produire une comédie musicale retraçant mon existence, je n'étais pas emballée. Et ce n'étaient pas les raisons de dire non qui manquaient. Toute jeune retraitée, je n'avais aucune envie de me remettre au boulot. Mal à l'aise à l'idée que des acteurs interprètent mon histoire, je ne voyais pas en quoi elle était digne d'intérêt. Mais j'ai décidé de sortir une fois de plus de ma zone de confort et de me lancer.

Je suis heureuse du travail sur *Tina : The Tina Turner Musical*, qui s'est avéré gratifiant et cathartique. Sans compter que le public fut au rendez-vous, des deux côtés de l'Atlantique.

L'ouvrage que vous tenez entre les mains est un autre exercice de révolution humaine.

Cela faisait des décennies que je rêvais de cette exploration spirituelle, sans oser me lancer. Honnêtement, la voix d'une fillette qui peinait parfois à l'école s'élevait dans ma tête pour me demander si j'en étais capable. Les encouragements et la confiance de mes coauteurs ont eu raison de mes derniers doutes.

Tomber amoureuse de mon mari, Erwin, est un autre exemple où j'ai quitté ma zone de confort pour recevoir un cadeau inattendu de la vie. Le jour où je l'ai rencontré dans un aéroport allemand, je devais être trop fatiguée par le voyage, trop préoccupée par ma tournée et trop pressée d'arriver à mon hôtel pour prêter attention à ce jeune cadre envoyé par la maison de disques pour m'accueillir. Pourtant je l'ai remarqué tout de suite, et j'ai immédiatement ressenti une forte connexion émotionnelle.

J'aurais pu ignorer ce ressenti et écouter les voix de mes fantômes me disant que je n'avais pas l'air bien ce jour-là. J'ai préféré m'en remettre à mon cœur. Avec une priorité : apprendre à connaître Erwin. Cette rencontre fortuite s'est transformée en une longue et belle relation – et mon seul vrai mariage.

Comme en témoigne ma vie, la révolution humaine ne consiste en rien d'autre que d'élever ses perspectives dans une quête plus vaste de sens. Et c'est au-delà de votre zone de confort que cela se produit.

Posez-vous cette question simple : *Je vais de l'avant ou je fais du surplace ?*

La réponse à cette question, jour après jour, détermine votre chemin dans la vie.

Cela peut sembler contre-intuitif, mais comme nous l'avons vu dans le chapitre précédent, c'est dans la tempête que vous avez le plus de chance d'accomplir votre révolution humaine, transformant le poison en remède.

Durant les périodes les plus sombres, il aurait été facile de céder aux sirènes du tabac, de l'alcool et de la drogue.

J'ai choisi de plonger en moi, de puiser à la source de mon grand moi.

À l'automédication, j'ai préféré l'automotivation. J'ai agi. Je m'en suis remise à la spiritualité pour obtenir de l'aide, étudiant et pratiquant le bouddhisme, qui m'a rendue plus forte. Et j'ai opté pour une alimentation plus saine, un régime à base de plantes et de remèdes holistiques. J'ai opté pour le développement personnel, même si cela semblait être le chemin le plus difficile. C'est ça, la révolution humaine.

Loin de moi l'idée de me faire passer pour une super-héroïne. Ma détermination a souvent été mise à rude épreuve, et j'ai dû repartir de rien.

Alors que j'écris ces lignes à plus de quatre-vingts printemps, je peux vous certifier que la vie passe en un clin d'œil, en quelques tours de kaléidoscope. À moins d'efforts conscients pour accomplir notre révolution humaine, nous passons un temps fou à courir partout, sans jamais arriver à rien.

Prisonniers d'états inférieurs, absorbés par notre ego, nos peurs et nos désirs au royaume superficiel de notre moi inférieur.

Mais grâce à l'estime de soi, la prévenance et la gentillesse, une véritable révolution du cœur est possible.

Tout au long de son histoire, l'humanité a partagé une croyance illusoire, à savoir que la clé du bonheur réside dans la maîtrise de notre environnement, de l'économie et de la politique. Nous y consacrons une énergie folle, oubliant la transformation intérieure, qui est la véritable boussole de notre existence.

Nous finissons par convoiter des biens sans vraie valeur, négligeant le trésor qu'est notre cœur. Je prie pour que nos efforts collectifs permettent de corriger ce déséquilibre, d'aboutir à une « valorisation de ce qui a de la valeur » et de lever le rideau sur une révolution humaine mondiale.

L'amour étire le cœur et
fait grandir intérieurement.

Margaret Walker

J'ai une religion quotidienne
qui fonctionne pour moi.
Aimez-vous d'abord, tout le reste suivra.

Lucille Ball

Dis-moi qui tu aimes
et je te dirai qui tu es.

Proverbe créole

Lorsque j'entends le mot « révolution », je pense à des changements tragiques. Dans la vie de tous les jours, un changement progressif, à mesure que nous mûrissons, semble plus réaliste.

J'ai découvert que la révolution humaine se produit tel un vol intérieur spirituel et supersonique.

Quand j'ai commencé à vivre ma propre révolution, j'ai toujours gardé à l'esprit que mes choix au quotidien étaient primordiaux. Les changements durables ne sont possibles que grâce à des évolutions du cœur. Il faut changer nos pensées, paroles et actes, jusque dans nos intentions, afin de devenir meilleur.

Pour moi et des millions d'autres individus partout dans le monde, le catalyseur de ce processus est la pratique quotidienne qui consiste à réciter *Nam-myoho-renge-kyo*, affirmant le caractère sacré de toute vie et la conviction que Dieu est en chacun de nous.

Depuis le début de ma carrière solo, avec des milliers de concerts dans des dizaines de pays, je l'ai récité et j'ai prié avant chaque spectacle, me concentrant sur le bonheur de tous les spectateurs. J'ai prié pour être à la hauteur des attentes, pour inspirer les rêves, l'espoir, pour stimuler les âmes et pour initier une révolution du cœur.

La prière, acte positif et fort, est à la portée de tous à tout moment. Elle est bien plus constructive que la lamentation. À l'heure des défis, se plaindre ne sert à rien.

J'ai évoqué les merveilleuses vieilles dames japonaises qui faisaient partie des fidèles de mon quartier lorsque j'ai commencé ma pratique bouddhiste. Elles nous régalaient de délicieuses boulettes de riz et de thé vert. Un jour, assises en tailleur après la récitation, je me souviens les avoir entendues nous dire : « Se plaindre efface la bonne fortune. Ne vous plaignez jamais ! »

Tout à fait d'accord. Et je tâche de ne jamais geindre. À quoi bon ? Râler ne fait que vous achever. Avancez, souriez, secouez-vous, aimez-vous. C'est dans l'adversité que l'on devient plus fort. C'est ainsi que l'on transforme son karma et que l'on ouvre son cœur.

Il y a deux types de choses dont il ne faut jamais s'inquiéter : celles que l'on peut changer, et celles que l'on ne peut pas changer. D'après mon expérience, tout ou presque peut être transformé, à commencer par soi-même, alors pas de panique. Tant que vous ferez preuve de compassion et donnerez le meilleur de vous-même, vous serez sur la bonne voie.

Parfois, notre nature innée de Bouddha, mère de notre compassion, de notre clairvoyance et de notre ouverture d'esprit, peut être ternie. Mais dès que nous sortons de notre zone de confort pour ouvrir notre cœur, adieu la morosité et place à notre rayon de lumière sur le monde.

Au fur et à mesure de votre histoire, ponctuée de changements intérieurs afin d'influer sur l'extérieur, vous développerez la foi en votre capacité à transformer les pires difficultés en véritables atouts.

J'écris ces lignes forte d'une révolution humaine de près d'un demi-siècle. Et s'il n'existe point de route sans douleur vers l'amélioration de soi et les récompenses que sont l'indépendance, l'autonomie et la liberté, le jeu en vaut la chandelle. Je sais que vous en tirerez les mêmes bénéfices que moi.

Il n'est jamais trop tard pour commencer, ou accélérer, sa révolution humaine.

L'âge n'est qu'un chiffre que je n'ai jamais laissé me freiner. Pas à quarante-deux ans, alors que tout le monde me disait que j'étais trop vieille pour être une rock-star. Pas plus à quatre-vingts, alors que ce livre rêvé pendant des décennies est enfin entre vos mains.

J'ai huit décennies révolues, mais je ne suis pas encore « arrivée », toujours en quête de défis, prête à me remettre en question pour grandir et rendre service à mon prochain.

Si vous n'avez pas de modèle pour vous inspirer, ce n'est pas grave. Personellement, j'ai fait avec les moyens du bord. Au cinéma, lovée dans les salles obscures, je me suis identifiée aux personnages. J'ai aussi trouvé des modèles dans les livres, les héros de romans me montrant que tout était possible. Sans oublier le fruit de mon imagination, où une existence supérieure à la mienne prenait vie, quand bien même j'ignorais tout du bouddhisme et que je n'avais pas les mots pour exprimer ses concepts.

J'imaginais voyager dans le monde entier, accomplir de grandes choses, et vivre dans une maison respirant la beauté et l'amour. Ballottée au gré des déménagements de mes parents séparés, je décorais avec soin mes chambres de fortune, consciente que j'avais besoin de dignité dans ma vie.

Personne ne me poussait à rêver d'une vie meilleure, mais ce désir alimentait mon esprit. Malgré les manques de mon enfance, la tragédie de mon premier mariage et la lutte pour m'en sortir et repartir de zéro, je n'ai jamais baissé les bras.

Mon imagination a toujours été sans limites.

Intérieurement, je voyais le bout du tunnel. Si les rêves les plus fous, combinés à un travail acharné, à une détermination sans failles et à une foi inébranlable m'ont permis d'atteindre mon but, pourquoi en irait-il autrement de vous ?

Si votre détermination s'effrite, répétez-vous : « Cette fois, je vais y arriver ! Cette fois, c'est la bonne ! » Tant que vous ne renoncerez pas, malgré tous les revers et autres déboires, vous serez sur le chemin de la victoire.

Tout est une question de choix – prendre des décisions réfléchies pour soi et les autres – et de l'intention qui les sous-tend. Nous avons toujours le choix, même si ce n'est parfois pas évident. Il peut consister en une simple pensée, mais plus positive.

Cultiver votre dimension la plus profonde, accomplir votre voyage intérieur, est la voie la plus directe vers le bonheur.

Il est donc grand temps de cultiver notre humanité et nos existences. Débutez et accélérez votre révolution humaine, vous trouverez le chemin du bonheur.

Nous avons besoin d'une révolution
à l'intérieur de nos propres esprits.

John Henrik Clarke

Grâce à notre génie scientifique et technologique,
nous avons fait de ce monde un village
et pourtant nous n'avons pas eu l'éthique
d'en faire une fraternité.
Mais d'une façon ou d'une autre...
nous devons tous apprendre à vivre ensemble
comme des frères
ou nous périrons ensemble comme des idiots.

Martin Luther King Jr

La vraie révolution est intérieure.

Alice Walker

Ma foi bouddhiste a été le fondement de mon cheminement personnel vers la révolution. Mais pas besoin d'être bouddhiste pour profiter de ces principes.

En fait, il n'est même pas nécessaire d'être bouddhiste pour être un Bouddha. Selon Daisaku Ikeda : « En réalisant que notre existence ne fait qu'une avec la vie éternelle de l'univers, nous sommes Bouddha. L'objectif du bouddhisme est de permettre à tous de parvenir à cet accomplissement. »

Une mentalité ouverte à tous, quelles que soient sa religion et son origine culturelle.

L'antique sagesse du *Sûtra du Lotus* appartient à toute l'humanité, proclamant que chacun possède l'état de Bouddha, au potentiel infini, et la dignité inhérente, éclairant la voie de la véritable indépendance et du bonheur absolu pour tous.

Pour moi, il suffit de comprendre que notre salut dépend de nous, et qu'il faut mettre en pratique ce que nous prêchons. Pour l'exprimer autrement, c'est réaliser que nous, êtres ordinaires, sommes capables de transformations miraculeuses. Cette idée est pour moi inestimable. Comme le dit le dicton : « Aide-toi et le ciel t'aidera. »

Les miracles accomplis au cours de mon existence ne s'expliquent pas parce que je suis spéciale. Je ne suis pas différente. Mon histoire est juste plus connue parce que je me suis retrouvée sous les feux de la rampe. Des individus dont vous n'avez jamais entendu parler réalisent des miracles tous les jours.

J'appelle miracle le fait qu'un être ordinaire accomplisse quelque chose d'extraordinaire. Nous en avons tous le potentiel. Et je prie pour que vous aussi, vous fassiez de miracles, en « révolutionnaire humain ».

La voix baptiste de notre époque que je préfère, celle du révérend Lawrence Carter Sr, fondateur et doyen de la chapelle internationale Martin Luther King Jr. du Morehouse College, a déclaré : « Je n'ai aucun doute sur le fait qu'au XXIe siècle, le terme de "révolution humaine" prendra racine dans la spiritualité occidentale. La révolution humaine implique une réforme intérieure consistant à passer de l'ignorance de sa divinité à une conscience profonde de la nature de Bouddha ou du Christ qui est en nous – de l'égoïsme au désintéressement, des perspectives limitées aux possibilités infinies. »

Les racines de ce concept remontent au *Sûtra du Lotus*, considéré comme l'ultime enseignement du Bouddha, et des premiers philosophes bouddhistes qui étaient ses disciples.

Mais ce n'est qu'au XXe siècle, pendant la Seconde Guerre mondiale, qu'un éducateur japonais, un certain Josei Toda, commence à enseigner la « révolution humaine ». C'est mon ami Herbie Hancock qui m'a parlé de ce grand homme pour la première fois à la fin des années 1970.

Herbie m'a expliqué comment Josei Toda, étudiant le *Sûtra du Lotus*, a acquis la conviction que la sagesse guiderait vers une révolution du cœur, qui conduirait à son tour au rejet de toute forme de violence. Josei Toda a consacré sa vie à la défense de la paix et fut même emprisonné deux ans par le gouvernement japonais pour son opposition farouche à la guerre.

J'ai été profondément touchée par la vision du message éclairé du *Sûtra du Lotus* traversant les océans et les époques jusqu'à un enseignant pacifique dans une cellule en temps de guerre. Toda était si déterminé à partager cette puissante vérité avec l'humanité qu'elle a fini par se répandre dans le monde entier, jusqu'à moi et, je l'espère, jusqu'à vous.

J'espère que ce message sera pour vous un outil aussi précieux qu'il l'a été pour moi.

Mon ami David Bowie, qui s'est intéressé toute sa vie au bouddhisme, me qualifiait de phénix, cet oiseau mythique qui renaît de ses cendres. Je crois qu'il ne voyait en moi que le pouvoir transformateur de la révolution humaine.

Renaissant des cendres de ma vie antérieure, j'ai appris que nos pensées, nos paroles et nos actes sont unifiés par la pratique spirituelle. Ils forment notre tout. Et si nos pensées, paroles et actes sont à l'unisson de nos intentions positives, alors la magie opère.

Et ce moi boiteux et fragmenté s'élève et s'unifie. C'est l'heure de la guérison et de la plénitude, à l'intérieur comme à l'extérieur. Ma pratique spirituelle m'a permis de panser mes plaies. En étudiant la sagesse du *Sûtra du Lotus*, je suis devenue la thérapeute de mon âme.

J'ai découvert comment briser les confins de mes mondes inférieurs, ce moi isolé prisonnier de ses peurs, de ses désirs et de ses illusions. J'ai brisé ces chaînes par la maîtrise de soi et par une profonde transformation. J'ai appris à m'incliner devant ma nature de Bouddha, et j'ai constaté que lorsque je m'inclinais devant celle des autres, comme devant un miroir, ils s'inclinaient en retour.

Adepte de la philosophie égalitaire des quakers, j'essaie de traiter chacun avec respect, quels que soient son statut et son origine, comme vous, du moins je l'espère.

Grâce à ces pratiques, je suis convaincue que chacun peut transformer les trois poisons de l'humanité – l'avidité, la colère et la stupidité – en altruisme, compassion et illumination.

Et inutile de chercher la sagesse sur un lointain sommet enneigé. Au contraire, elle est en vous-même. « Vous êtes votre propre maître. Un autre pourrait-il l'être ? Maître de vous-même, vous en avez trouvé un d'une rare valeur », dit le vieux sage bouddhiste.

Une incitation à rester fidèle à soi-même, sans subir d'influences extérieures. Ce moi plus grand, cosmique, est la nature de Bouddha, ou la conscience du Christ, qui est en chacun de nous. Ralph Waldo Emerson ne dit pas autre chose lorsqu'il écrit « la beauté universelle, à laquelle toute particule est liée ; l'éternel Un ».

Pour moi, la révolution du cœur signifie un changement d'être et d'attitude, ainsi qu'un sens de la responsabilité sociale. La véritable révolution du cœur implique que les différences d'origine, de nationalité et de culture ne créent plus de divisions ni de confrontations.

Certains créent des catégories, y compris pour eux-mêmes, selon le prisme obtus du sexe, de l'âge, de la nationalité, des habitudes, de la personnalité, etc. Difficile de nous réduire à ces aspects, qui s'entremêlent. Voir au-delà de la superficialité révèle notre véritable identité et participe de notre révolution humaine.

Comme vous le savez, j'ai été confrontée à l'âgisme, au racisme, au sexisme et à d'autres formes de préjugés discriminatoires. J'ai même fait les frais du nationalisme. Lors de mon come-back à la fin des années 1970 et au début des années 1980, alors que je me produisais partout dans le monde, on m'a demandé pourquoi moi, une Américaine, je travaillais hors des frontières de mon pays natal.

Ma réponse, ponctuée d'un clin d'œil : « Qu'est-ce que ma nationalité vient faire là-dedans ? »

Je suis une humaniste avant tout…
et je crois en la race humaine,
sans exception.

Whoopi Goldberg

La religion sans l'humanité
est une pauvre chose humaine.

Sojourner Truth

Grâce à ma révolution du cœur, je suis fière d'avoir surmonté ces discriminations ; mais le fléau de la division reste un problème d'actualité. Comme l'a souligné Martin Luther King Jr., pour venir à bout de préjugés aussi profondément enracinés, « nous devons accomplir une révolution radicale de nos valeurs ».

Nous sommes tous reliés à toutes les choses, tous constitués du même mystère sacré de l'énergie universelle.

Tous faits de poussière d'étoile. Tous des enfants de Dieu, liés par la conscience de Bouddha, une grande famille recomposée partageant le même toit, la Terre.

Lorsque mes amis Wayne et Ana Maria Shorter nous ont accueillis, mes garçons et moi, j'ai mis un point d'honneur à être aux petits soins pour eux, heureuse de me rendre utile.

J'éprouve une profonde gratitude pour mes équipes, ces personnes merveilleuses qui prennent soin de moi et de mon quotidien.

J'ai toujours accordé une importance cruciale à la gentillesse. Enfant, quand je n'avais pas les moyens de faire de cadeau, je chantais pour mes amis. J'improvisais mélodies et paroles en m'inspirant de leurs existences. Une copine avait le cœur brisé, je lui inventais le prince charmant à venir.

La gentillesse, qui ne coûte rien, peut s'avérer un bien précieux.

Ce qui nous ramène à notre révolution humaine.

Si nous n'aimons pas la société qui nous entoure, le concept bouddhiste intemporel de l'unité de la vie et de son environnement nous enseigne que c'est à nous de changer d'abord. Nous devons être le changement que nous souhaitons voir opérer. On peut penser que nous sommes détachés de notre environnement, telles des îles séparées par de vastes étendues d'eau. Pourtant, sous la surface de l'océan, elles sont toutes reliées.

Nichiren compare cette interconnexion, ou unité, de notre vie et de notre environnement, à notre corps et à son ombre. Si votre ombre vous déplaît, comment la changer ? En vous déplaçant.

Cela peut sembler simpliste, mais c'est une intuition extrêmement forte. Elle explique pourquoi tout notre environnement reflète notre état intérieur. Et nous aide à comprendre que l'on peut influer sur toute situation par une transformation de soi.

Dès lors, toute forme de discrimination est insensée, tant pour ceux qui entretiennent ces préjugés que pour ceux qui en sont les victimes.

Je fais le vœu que vous, moi et le reste de la planète, continuions à ouvrir nos cœurs et nos esprits tout en célébrant nos différences et en nous débarrassant de toute forme de discrimination. Il s'agit là, je crois, d'une condition essentielle à la paix, tant pour nous-même que pour les autres.

Grâce à ma pratique bouddhiste, j'ai compris que chaque être vivant a une valeur fondamentale. En acceptant ma propre valeur, je reconnais celle de tous les autres. Et j'ai conscience que nous sommes tous un microcosme du monde. En transformant ce microcosme, nous contribuons à changer le karma et le destin partagés par toute l'humanité et par le monde naturel que nous occupons, le macrocosme. C'est l'expression ultime de la révolution humaine.

Il n'existe pas de plus grand devoir et de plus grand honneur que ceux-là.

En japonais, les caractères utilisés pour écrire le terme « révolution humaine » sont quatre symboles distincts (japonais : *ningen kakumei*). Les deux premiers caractères, qui représentent « l'humain », apparus il y a des milliers d'années dans des textes bouddhistes, décrivent l'humanité. Et montrent une personne près d'une porte, l'espace étant empli de rayons du soleil. Les deux caractères suivants représentent « la révolution », le premier pour le changement ou la réforme, associé à la vie ou l'état de vie d'un individu, ainsi que le destin. Une belle image de notre révolution humaine, à savoir puiser en notre royaume intérieur plein de lumière pour changer vie et destin.

7

Beyond Music

Un après-midi de l'été 2008, alors que les nuages s'écartaient au-dessus du lac de Zurich pour laisser place à un soleil radieux, un arc-en-ciel est apparu devant ma maison. Un spectacle magnifique, me donnant à penser que cette journée allait être particulière. Je crois aux bons présages de Mère Nature. Pour moi, les arcs-en-ciel symbolisent la paix, la diversité et l'éveil.

Celui-ci annonçait l'arrivée de ma chère amie Regula Curti.

Plus tôt, elle avait appelé depuis sa retraite dans les montagnes suisses. D'habitude, je ne réponds pas au téléphone de la maison, mais pour une raison que j'ignore, j'ai dérogé à la règle. C'est le destin. Si quelqu'un d'autre avait décroché et pris un message, on aurait pu se manquer, car je partais à l'étranger le lendemain matin.

J'ai tout de suite senti dans la voix de Regula qu'elle avait quelque chose d'important à me dire.

« Tu as l'air soucieuse », lui ai-je lancé.

Je l'entendis presque sourire en répondant : « Oui, j'ai quelque chose de spécial à te dire. »

Au lieu de poursuivre au téléphone, j'ai proposé que l'on se voie le jour même.

Regula a trouvé l'idée excellente. Nous nous connaissons depuis vingt ans et nous avons partagé des moments fabuleux, dont une danse improvisée pour l'anniversaire d'un ami sur un bateau en Méditerranée. Au fil des ans, nous avons également eu de longues discussions sur la spiritualité et le pouvoir de guérison de la musique et du chant. J'étais curieuse d'entendre ce qu'elle avait à me dire.

Regula avait dû descendre de sa montagne à vitesse grand V car elle s'est garée dans mon allée peu de temps après. Quand je suis sortie pour l'accueillir, les cieux ont projeté leurs sept couleurs au-dessus de nos têtes.

Sirotant un thé dans mon salon, elle m'a expliqué qu'elle avait imaginé un album de prières bouddhistes et chrétiennes pour promouvoir la paix entre les cultures. Ce serait le premier album de *Beyond Music*, un projet multiculturel qu'elle avait imaginé l'année précédente.

La production a été lancée avec la chanteuse bouddhiste tibétaine Dechen Shak-Dagsay, qui vit elle aussi sur les rives du lac de Zurich. J'avais assisté quelques mois plus tôt à un événement merveilleux organisé par Dechen et Regula : un dialogue interreligieux entre le Dalaï Lama et l'abbé suisse Martin Werlen.

« Cette journée de dialogue a été si forte qu'elle a inspiré cet album », m'a dit Regula.

Ce jour-là, une phrase du Dalaï Lama résonnait dans son esprit : « Il est essentiel d'être ouvert et tolérant envers les autres croyances, et de toujours se respecter malgré les différences entre religions. »

Dechen et Regula continuaient dans cette voie en rassemblant des mantras bouddhistes et chrétiens sur un album. Au fur et à mesure des enregistrements, elles ont réalisé qu'une célébrité pourrait les aider à porter ce message.

« Alors que je méditais ce matin, a poursuivi Regula, j'ai entendu ta voix sur l'album, Tina. Mais tu ne chantais pas, tu parlais, tu partageais un message spirituel. »

Je n'avais pas besoin d'en savoir plus. « J'attendais ce jour depuis longtemps, lui ai-je répondu. Depuis les années 1980, en fait. Le moment est venu. Je veux en être. »

Le timing était parfait. Je venais d'annoncer ma dernière tournée, célébrant mes cinquante ans de scène. À soixante-neuf ans, quatre-vingt-dix dates dans le monde entier et plus de 1,2 million de billets vendus. Quel magnifique final pour ma carrière !

Les préparatifs allaient bon train quand j'ai rejoint l'équipe de Regula en studio. J'avais à peine le temps de terminer mes enregistrements pour l'album avant de partir dans le Missouri pour lancer la tournée. J'avais choisi le Missouri comme point de départ, car c'était là que ma carrière avait commencé, tout juste un demi-siècle plus tôt.

L'album, intitulé *Buddhist and Christian Prayers*, devait sortir en juin 2009, environ un mois après la fin de mes adieux à la scène.

L'idée fondamentale du mouvement *Beyond Music* est l'unité dans la diversité, ce qui correspond parfaitement à ma pratique spirituelle. Dans la tradition bouddhiste Soka Gakkai, une belle analogie de la diversité est le principe des « fleurs de cerisier, de prunier, de pêcher et de prunier de Damas ».

Il y a plus de 750 ans, Nichiren enseignait une perspective de la diversité en utilisant ces fruits pour illustrer le fait que tout le monde, sans distinction de race, de sexe ou d'origine possède la nature de Bouddha de manière égale. Ses paroles nous rappellent que le *Sûtra du Lotus* embrasse tous les êtres vivants, sans exception, soulignant le potentiel et la grande valeur de chacun de nous.

Dans l'art, le pointillisme constitue un bon exemple. Le tableau de Georges Seurat, *Un dimanche après-midi sur l'île de la Grande Jatte*, est visible à l'Art Institute of Chicago.

Ce courant artistique rend hommage à chaque couleur, à chaque point, pour ses caractéristiques spécifiques. Seurat était convaincu qu'unifier les couleurs ainsi rendait son art plus brillant et plus touchant.

Je vois l'humanité de la même manière.

En honorant les origines ethniques, religieuses et culturelles des uns et des autres, nous devenons plus forts et plus heureux, égayant le chef-d'œuvre cosmique qu'est notre monde.

Plutôt que de creuser les différences, il faut chercher des terrains d'entente. Nos différences sont finalement superficielles, et la meilleure chose à faire est de les célébrer.

La foi est largement déterminée par notre origine géographique et ethnique. Dans mon cas, une famille afro-américaine du Sud des États-Unis. Comme la plupart des autres familles noires, nous étions baptistes.

Bien que je sois passée du baptisme au bouddhisme, je ne renie rien de l'héritage de ma famille et je chéris les affinités entre ces deux voies.

Les enseignements baptistes m'ont appris à travailler pour rejoindre un paradis céleste, tandis que le bouddhisme m'incite à atteindre la condition éclairée de la bouddhéité. Bien que ces deux objectifs spirituels puissent sembler quelque peu différents, tous deux visent à créer un état de bonheur indestructible et éternel. Et pour moi, c'est une similitude de taille.

J'ai rencontré des gens dans le monde entier, de toutes les confessions, et je suis convaincue que la foi partage une même aspiration fondamentale : connaître la joie éternelle en étant en harmonie avec les forces positives de l'univers. Cette réalité ultime peut s'appeler Jéhovah, Dieu, Allah, Jésus, Hashem, Tao, Brahma, le Créateur, la Loi Mystique, l'Univers, la Force, la nature de Bouddha, la conscience du Christ, que sais-je encore.

Lorsque j'ai rejoint le projet *Beyond Music*, je me suis intéressée aux autres traditions religieuses et à l'histoire des échanges interconfessionnels. Par exemple, avant d'enregistrer l'album *Buddhist and Christian Prayers*, je ne savais pas si bouddhistes et chrétiens des temps anciens dialoguaient.

J'ai été agréablement surprise de découvrir une riche histoire de dialogue interreligieux.

Quand les missionnaires jésuites sont arrivés au Japon au XVIe siècle et ont découvert le mode de vie bouddhiste, ils ont fait passer le mot en Europe que ces bouddhistes japonais semblaient avoir développé une forme asiatique de christianisme. Réciproquement, les Japonais, en écoutant les premiers missionnaires européens, n'ont pas trouvé grand-chose à redire aux croyances chrétiennes ; ils y voyaient un terrain d'entente.

Pendant des décennies, les missionnaires chrétiens du Japon ont vécu en harmonie avec une population majoritairement bouddhiste, jusqu'à ce que des tensions éclatent, enracinées dans des préoccupations politiques du shogunat au pouvoir. C'est la politique, et non la religion, qui provoqua la discorde au sein de la population. Cette leçon transcende les époques et j'aimerais que tout le monde la comprenne.

Quelque deux mille ans avant que les jésuites débarquent au Japon, le grand roi d'Inde bouddhiste Ashoka envoya des émissaires dans des pays lointains pour enseigner les idéaux bouddhistes de compassion et de paix. Au IIIe siècle avant J.-C., ces émissaires consignèrent dans des carnets de voyage les descriptions des villes de Grèce et d'Égypte, dont Alexandrie.

Peut-être que nous ne sommes là,
autant que nous sommes, que pour augmenter
la pérennité et la possibilité d'un amour durable
entre les peuples.

June Jordan

On ne peut vivre pleinement qu'en aidant
les autres à vivre…
Les cultures ne peuvent s'enrichir
qu'en honorant les autres traditions.
Et ce n'est qu'en respectant la vie
que l'humanité peut continuer à exister.

Daisaku Ikeda

Un siècle avant les expéditions bouddhistes venues d'Inde, Alexandre le Grand avait ouvert la voie des échanges culturels avec ces régions. Sachant cela, facile d'imaginer la philosophie bouddhiste se diffusant vers l'ouest, jusqu'aux contrées où vécut Jésus.

Plus tard, l'apôtre Thomas explora l'Inde et envoya en Occident des récits sur les bodhisattvas et la vie de Shakyamuni. Certains détails se sont retrouvés dans les premiers enseignements chrétiens et ont évolué vers ce que l'on appelle aujourd'hui les Écritures des saints Barlaam et Josaphat, dont les noms proviennent des mots sanskrits signifiant « illustre Bodhisattva ».

Certains chercheurs voient des racines communes entre le message d'amour chrétien et la compassion du bouddhisme.

Il y a plusieurs années, mes reins ont lâché, j'ai dû être dialysée, et j'ai eu le temps de me plonger dans *La Divine Comédie* de Dante. Pour moi, les neuf cercles de l'enfer rappellent les antiques descriptions bouddhistes des conditions de vie infernales et de la relation de cause à effet entre la vie et la vie après la mort.

Certains spécialistes contemporains pensent que Dante s'est inspiré de descriptions bouddhistes des enfers puis les a intégrées à son œuvre.

Le désir de connaître l'essence de l'univers a toujours transcendé les frontières culturelles et spirituelles.

Avec le projet *Beyond Music*, nous avons souhaité inviter autant de traditions que possible. En commençant par le bouddhisme et le christianisme, les deux religions que nous connaissions le mieux. Les albums suivants ont élargi cette palette aux fois des traditions hindoues, juives et arabes.

Je souhaitais que mon message spirituel sur l'album soit aussi universel qu'inclusif. Mais je ne savais pas comment m'y prendre. J'avais bien ébauché quelques débuts de chansons sur des concepts bouddhistes à la fin des années 1970, mais sans jamais les terminer.

Plus tard, lorsque j'ai rencontré le philosophe bouddhiste Daisaku Ikeda, il a loué le pouvoir de la musique pour briser les frontières culturelles et rappeler au public qu'il « ne faut jamais abandonner ». J'ai toujours pensé que la musique, c'est plus que des notes sur une partition ; c'est un langage, que j'ai essayé de transmettre à mon groupe : « Lorsque vous exprimez la musique avec votre cœur, si elle fusionne avec votre âme, le public ne le ressentira que plus profondément. »

Mais comment réaliser tout ça ?

En tournée aux États-Unis, j'ai décidé de faire un arrêt rapide à Carlsbad, en Californie, pour demander conseil à Deepak Chopra. J'ai lu plusieurs de ses livres et j'admire sa capacité à expliquer des concepts spirituels pluridisciplinaires à un large public.

Comme je m'y attendais, il s'est montré charmant et d'un grand soutien, et à la fin de notre rendez-vous, il m'a offert plusieurs ouvrages sur la spiritualité, m'assurant que les mots justes viendraient en temps et en heure.

J'ai une passion pour les livres et j'étais comme une enfant devant un sapin de Noël. J'y ai trouvé des phrases qui résonnaient en moi, que j'ai notées sur de grandes feuilles.

Puis je les ai étalées par terre. J'étais au milieu d'une farandole littéraire de positivité. Immobile, j'étais en osmose avec les paroles des sages qui m'entouraient.

Maya Angelou, héroïne des temps modernes, disait que « les mots sont des choses ». Selon elle, ils sont porteurs d'énergie et de force. Je suis d'accord avec elle. Ils font partie du trio pensées, paroles et actes qui crée le karma et détermine notre état de vie.

Ceci en tête, j'ai choisi mes mots avec soin. Tout en prenant beaucoup de plaisir. J'ai commencé par classer les feuilles. Regula m'a aidée et nous nous sommes tellement amusées que nous gloussions comme des écolières. Elle m'a suggéré d'épingler la sélection au mur et d'y penser pendant mes balades quotidiennes.

Un jour, nous serons capables
de mesurer le pouvoir des mots.
Je pense qu'ils sont des choses.
Ils se retrouvent sur les murs.
Pénètrent votre papier peint.
S'insinuent dans vos tapis,
Vos tissus, vos vêtements,
et finalement en vous.

Maya Angelou

Au-delà du bien et du mal, il y a un champ.
On se retrouve là-bas.

Rumi

J'ai voulu que le plus grand nombre puisse comprendre le sens de mon message. Je voulais toucher tous ceux qui sont dans la peine, tous ceux qui ont besoin de plus de paix et de bonheur.

J'ai fini par trouver les mots. Lorsque je les ai enregistrés, les ingénieurs du son étaient émus aux larmes.

Pour l'album *Buddhist and Christian Prayers,* j'ai enregistré le début du *Gongyo,* une sélection du *Sûtra de Lotus* qui fait partie de ma routine quotidienne. Pour l'album *Love Within,* sorti en 2014, j'ai interprété *Amazing Grace* que j'aimais chanter à l'église quand j'étais enfant.

Voici la traduction des paroles de Beyond, premier titre de *Buddhist and Christian Prayers* :

Rien ne dure éternellement.
Personne ne vit éternellement.
La fleur se fane et meurt.

L'hiver passe et le printemps arrive.
Embrassez le cycle de la vie, c'est le plus grand amour.

Allez au-delà de la peur. Au-delà de la peur se trouve
un espace, où l'amour peut grandir, où vous refusez de suivre
les impulsions de la peur, de la colère et de la vengeance.

Au-delà signifie se sentir soi-même.
Débutez chaque journée en chantant comme les oiseaux.
Le chant vous transporte au-delà, au-delà, au-delà, au-delà....

Nous avons besoin d'une discipline, d'un véritable entraînement,
pour nous défaire de nos vieilles habitudes
et trouver une nouvelle façon de voir les choses.

Aller au-delà des bons et des mauvais côtés.
La prière libère et apporte la paix à l'âme.
Allez au-delà pour ressentir l'unicité de l'unité.

Chantez ! Le chant vous emmène au-delà, au-delà, au-delà,
au-delà...

Nous sommes tous pareils, tous pareils. Nous cherchons le chemin vers la source. Vers le seul, vers l'unique.

Allez au-delà de la vengeance. Le plus grand moment de nos vies
est celui où nous acceptons d'apprendre les uns des autres.

Aller au-delà pour ressentir l'unicité de l'unité. Le chant.
Le chant vous transporte au-delà, au-delà, au-delà,
au-delà...

Faire le voyage.
Faire le voyage en soi.
Cultiver le silence pour entendre l'au-delà.
Devenir patient pour recevoir l'au-delà.
Être ouvert pour inviter l'au-delà.

Soyez reconnaissant. Soyez reconnaissant pour permettre l'au-delà.

Soyez dans le moment présent, pour vivre l'au-delà.

Débutez chaque journée en chantant comme les oiseaux.
Chanter vous transporte au-delà, au-delà, au-delà,
au-delà...

Qu'est-ce que l'amour a à voir avec ça ?
L'amour grandit quand vous accordez votre confiance.
Quand vous accordez votre confiance, l'amour guérit et régénère.

L'amour inspire et nous donne les moyens de faire de grandes choses.
Et fait de nous une personne meilleure pour aimer.
L'amour nous procure
la sécurité et nous rapproche de Dieu.

C'est au-delà qu'on trouve le véritable amour.
Continuez à chanter. Chanter vous transporte au-delà,
au-delà, au-delà,
au-delà...

Sans chanson, chaque jour durerait un siècle.

Mahalia Jackson

La musique peut vous donner
la force de changer,
ou de vous battre pour une cause,
pour votre famille ou pour vous-même.
La musique peut vous donner la force
de vous lever et de vous battre.
Et lorsque parfois vous vous sentez
complètement désespéré, grâce à la musique,
vous pouvez vous relever et continuer
de toutes vos forces.

Wayne Shorter

Ma maison, située au bord du lac de Zurich, s'appelle le Château Algonquin. Baptisée bien avant que mon mari Erwin et moi-même n'y emménagions dans les années 1990, nous n'étions pas sûrs de ce que signifiait cet « Algonquin ». Nous avons interrogé nos voisins, en vain. Après quelques recherches, nous avons découvert qu'il s'agissait d'un mot que les Français ont dérivé d'une expression amérindienne signifiant « nos parents » ou « nos alliés ».

L'idée que le nom de cette maison soit porteur d'unité était une bonne nouvelle. C'est important pour moi qui nous pense tous parents et alliés.

La sagesse du *Sûtra du Lotus* a approfondi ma conscience de l'interconnexion de toute vie, et montré que seuls nos sens limités nous poussent aux distinctions arbitraires comme « nous » et « eux ».

Le bouddhisme enseigne que tous les êtres vivants ont été mère, père, sœur, frère, fille ou fils d'un autre être cher, de nombreuses fois, au cours d'une infinité de vies dans tous les coins de l'univers. J'espère que ce concept vous ouvrira l'esprit, comme ce fut le cas pour moi.

Nous sommes tous là, réunis sur cette merveilleuse planète. C'est notre réalité. Alors, agissons comme la famille recomposée que nous sommes en réalité. Pour citer le pape François : « Aujourd'hui, plus que jamais, le monde a besoin d'une révolution de tendresse. »

Je suis convaincue que le temps est venu de dépasser les divisions pour établir une plus grande connexion spirituelle. Unis, nous surmonterons les problèmes auxquels nous sommes confrontés.

Pour reprendre Martin Luther King Jr. : « Nous sommes tous pris dans le réseau, liés en un unique destin. Tout ce qui affecte directement l'un d'entre nous affecte indirectement tous les autres. Telle est la structure interdépendante de la réalité. »

Que vous soyez bouddhiste comme moi, ou que vous pratiquiez une autre forme de spiritualité, je crois que la chose la plus importante pour la survie de l'espèce humaine est son unité, avec pour but commun de préserver notre belle planète. Nous devons être conscients d'appartenir à la communauté humaine, partageant notre oasis céleste non seulement les uns avec les autres, mais avec toutes formes de vie sur Terre.

Comme l'a très bien expliqué le physicien Stephen Hawking, il est extrêmement improbable que nous réussissions un jour à coloniser une autre planète viable, quand bien même nous parviendrions à en localiser une. L'humain n'a pas une espérance de vie suffisante pour parcourir les immenses distances jusqu'à d'hypothétiques astres viables, et encore moins y émigrer.

Selon Hawking, si nous pouvions un jour voyager à la vitesse de la lumière et faire un aller-retour au centre de notre galaxie, il faudrait cinquante mille ans. Un voyage qui semble peu réaliste.

Plutôt que de fantasmer sur la colonisation d'une autre planète, préservons la nôtre, ici et maintenant.

Ce qui ne peut se faire qu'ensemble pour résoudre des problèmes mutuels. Pour être unis, il faut être unis à son cœur – être entiers. Nichiren enseigne que les individus désunis sont sûrs d'échouer, alors que l'union fait la force.

Faire corps avec soi-même, puis s'unir aux autres pour le bien commun, tel est mon message spirituel dans *Buddhist and Christian Prayers*.

J'encourage tout le monde à chanter. Je sais que certains d'entre vous se disent : « Tina, je ne sais pas chanter ! C'est toi qui sais chanter, et je préfère t'écouter. » Mais quand je dis « chanter », la voix à laquelle je pense n'est pas nécessairement celle que vous utilisez pour chanter. C'est plus ce moment où tu te surprends à émettre des sons de l'intérieur, de ton cœur.

Mama Georgie me revient à l'esprit. Dans son rocking-chair, elle me fredonnait des « Hummm », en me berçant sur ses genoux. Ce n'était pas une chanson, juste un fredonnement. Mais c'était le chant de son âme.

Parfois, elle évoquait ses grands-parents et ses arrière-grands-parents, en partie Amérindiens, et les histoires qu'ils lui racontaient sur les rivières. Peut-être lui ont-ils aussi appris à écouter le chant de son cœur et à le laisser sortir.

« Hummm. »

J'aimais m'asseoir sur les genoux de Mama Georgie le soir et regarder les étoiles. J'entendais le chant des cigales et les grenouilles au loin, et je comprenais qu'il y avait une fréquence, une vibration de Mère Nature, de l'univers. Les vibrations de *Nam-myoho-renge-kyo* me rappellent celles de Mama Georgie et de la nature.

Le chant est propice aux états nobles et amène joie et bonheur via un flux imperméable aux circonstances extérieures.

Que vous chantiez juste ou non, cela ne fait aucune différence. Chantez ce que vous aimez, libérez-vous et laissez votre esprit se déployer !

L'EXPÉRIENCE AU-DELÀ DE LA MUSIQUE

Scannez ces codes QR pour visiter
le site web et la chaîne YouTube de *Beyond Music*

8

Retour au pays

Dans le sanctuaire de ma maison zurichoise, j'ai grimpé les escaliers jusqu'à ma salle de prière au deuxième étage et me suis assise face à mon butsudan, l'autel en bois sculpté où je pratique au quotidien.

En ce 13 octobre 2019, un beau ciel bleu d'automne, pommelé de nuages blancs, se dessinait à l'horizon. Par la fenêtre de ma salle de prière, j'ai constaté que les arbres se paraient de leurs habits d'automne, faits d'ors, de rouges et de bruns.

C'est dans ce cadre particulier que je dénoue les fils emmêlés de mon karma, pour en faire la tapisserie de mon existence.

Allumant les bougies pour commencer ma pratique matinale, un rituel immuable depuis 1973, mon corps irradie d'énergie, proche de ma nature de Bouddha. La récitation fait résonner les chakras en moi, actionnant les poulies énergétiques de mon être et les vibrations de mon âme passée, présente et à venir.

Je me connecte au rythme de l'univers.

Tout en priant, j'ai songé à la comédie musicale retraçant ma vie, dont l'avant-première avait eu lieu la veille. Quelques semaines plus tard, Erwin et moi irions à New York pour la première officielle avec soirée de gala, peu avant mon quatre-vingtième anniversaire.

Depuis le début de l'année 2019, je m'amusais à rappeler à qui voulait l'entendre que j'allais avoir quatre-vingts ans. Personne n'arrivait à y croire. Ou alors ce n'était que pure gentillesse ! J'aimais m'entendre prononcer ce « quatre-vingts », parce que d'une part, je n'étais pas sûre d'arriver jusque-là, et que de l'autre, je me demandais comment je serais à cet âge.

Je suis heureuse de dire que grâce à mon mari, Erwin, qui m'a donné un rein, le don de la vie, je profite de chaque jour en bonne santé.

Je suis reconnaissante d'avoir non seulement survécu, mais aussi d'être bien portante, ce qui m'a permis d'écrire ce livre contenant les précieux cadeaux qui m'ont été donnés – et que je peux partager avec vous.

Mes expériences spirituelles étant centrées sur une « vision claire », il est significatif pour moi que la première publication de ce livre ait lieu en 2020, que je considère comme « l'année de la vision claire ».

Ma pratique matinale terminée, j'ai retrouvé Erwin pour un brunch léger composé de banane, melon et kiwi, accompagnés de mon pain complet préféré. Nous avons évoqué la première à Broadway, que nous attendions depuis longtemps.

Au cours de la conversation, une expression m'est venue : « Changer le décor ne change rien au scénario. » En termes théâtraux, cela signifie que pour améliorer votre situation, inutile de changer de décor sans opérer *sa* propre transformation. Autrement dit, vous aurez beau fuir votre karma, si vous n'avez pas changé, ce sera peine perdue.

Longtemps, je n'ai pas su expliquer pourquoi je n'ai pas quitté mon premier mari plus tôt, même après avoir commencé à pratiquer le bouddhisme. J'aimerais le faire ici.

Je sentais que tant que je n'étais pas prête à m'en sortir par moi-même, et tant que je n'avais pas construit une force intérieure suffisante pour me libérer de mes chaînes, la fuite n'était pas une solution. Même si cela prendrait du temps, je devais me sauver intérieurement. Ensuite, seulement, changer de décor m'aiderait.

Notre brunch terminé, les producteurs nous ont informés que l'avant-première à New York avait été un triomphe. Ravie, je songeai à la suite de la journée.

Pour être honnête, mon fruit à peine dégusté, je pense déjà au dîner : « Que dirais-tu de pâtes à l'ail et aux légumes et d'une salade ? »

J'aime les choses simples de la vie et les légumes frais en font partie. C'est mon côté fille de la campagne. Si certains me voient aujourd'hui comme une grande dame, je me considère toujours comme Anna Mae. Enfant, le gaspillage n'existait pas, et encore moins alimentaire. On trimait si dur pour cultiver la terre que nous traitions avec respect. Si nous avions davantage conscience des efforts nécessaires pour produire ce que nous consommions, plus une miette ne passerait à la trappe.

Nous devons honorer la Terre Mère et préserver ses ressources. Tout et tout le monde a de la valeur, même les expériences. Gardez toujours en tête la valeur de vos expériences, en particulier vos expériences négatives, afin de ne jamais les répéter.

Quand je parle de *valeur*, je pense à tout ce qui améliore votre existence ou sert à vous élever. Il peut s'agir de la leçon tirée d'une épreuve ou d'un souvenir inspirant. Dans le cas d'une expérience désagréable ou d'une interaction avec quelqu'un que vous préféreriez oublier, même si vous n'y voyez aucun intérêt, prenez la résolution de ne jamais vous comporter comme ces personnes désagréables. C'est précieux.

Le droit de garder mon nom de scène, Tina Turner, telle est la valeur que j'ai retirée de mon premier mariage, alors que je laissais tout le reste derrière moi.

La Terre fournit assez pour les besoins
de chacun,
mais pas assez pour l'avidité de tous.

Mahatma Gandhi

La paix est intimement liée à notre amour
et à notre respect de la Terre Mère.

Coretta Scott King

L'humanité n'a pas tissé la toile de la vie.
Nous n'en sommes qu'un fil.
Ce que nous faisons à la toile,
nous le faisons à nous-mêmes.
Toutes les choses sont liées. Tout est connecté.

Chief Seattle

Après deux ans de batailles juridiques, à marchander ce divorce avec mon ex, j'ai eu un éclair de sagesse. Pendant une récitation, une voix intérieure m'a dit : *Oublie tout ce qui est lié à lui. Laisse tomber le passé. Laisse-lui tout. Efface l'ardoise et recommence à zéro.*

J'ai donc annoncé au juge que je j'avais changé d'avis. Je ne voulais rien, seulement mon nom de scène ; j'avais travaillé trop dur pour le perdre. Et je l'ai gardé. Sans jamais confondre mes identités personnelle et professionnelle. Je sais que je ne *suis pas* mon métier. C'est ce qui m'a permis de garder les pieds sur terre et de rester saine d'esprit.

Anna Mae revêt la cape magique de Tina Turner pour faire rêver. J'honore et respecte la personne publique que je suis, tout comme celle que je suis dans l'espace privé. Mais au bout du compte, ma véritable identité est mon moi profond, celui de la compassion et du désir de donner de l'espoir à mon prochain.

Je pense qu'il est important pour chacun d'entre nous de bien comprendre la différence entre nos rôles dans le monde et notre véritable personnalité. Chacun assume différents rôles à différents moments, en fonction des circonstances. Mais n'oubliez jamais qu'il y a toujours plus en vous qu'un seul et unique rôle.

Conservez cette identité professionnelle, Tina Turner, ne s'est pas tout de suite révélé payant. Sur le plan matériel, je n'avais presque plus rien – deux voitures et des montagnes de dettes – et pourtant, sur le plan spirituel, j'avais l'impression que le monde m'appartenait.

J'avais mon indépendance. Et pour moi, c'était plus que tout.

Je pleurais parfois à chaudes larmes en priant pour mon avenir, mais j'appréciais le simple fait d'être en vie. J'ai commencé à m'aimer, et la vie aussi, même s'il ne me restait pas grand-chose. La petite Anna Mae s'était finalement retrouvée, et c'était un bonheur. N'était-ce point le plus précieux des cadeaux ?

Mais tout n'était pas rose, loin de là. Si la sensation de joie et de liberté était inédite, repartir de zéro n'a pas été simple. Debout contre les vents et marées judiciaires, les dettes, les drames familiaux et pour poursuivre des objectifs professionnels apparemment inaccessibles, j'ai mêlé le fracas du tonnerre de l'impossibilité à un rugissement en récitant *Nam-myoho-renge-kyo*.

Lors de cet intense combat spirituel, je m'en suis remise à ma sagesse intérieure, et soudain, un jour, la lutte a pris fin. J'ai abandonné les doutes et les idées qui me limitaient. J'avais gagné le plus important des combats.

Pour la première fois de ma vie, je me voyais avec une clarté cristalline. Quel soulagement et quelle liberté. Même si beaucoup de choses me déplaisaient, je savais que je pouvais les changer : une prise de conscience pleine d'espoir. J'étais maintenant l'autrice, la directrice et la productrice de mon existence.

Bien que rien n'ait beaucoup changé dans mon environnement, du moins en apparence, une fois mes batailles spirituelles gagnées, je savais que ce n'était qu'une question de temps avant que les changements intérieurs ne se reflètent à l'extérieur.

J'ai également réalisé que je devais être prête à quitter ma zone de confort avant de pouvoir vraiment m'envoler, comme un oiseau doit lâcher la branche avant de pouvoir s'élever dans le ciel.

J'ai passé beaucoup de temps à endurer les épreuves avant de les transformer en rêves, bien plus longtemps que je ne l'aurais voulu ou imaginé. Mais je suis heureuse de n'avoir jamais abandonné et d'avoir poursuivi mes objectifs, tant pour moi-même que pour les autres. Les victoires n'en ont été que plus gratifiantes. En me penchant sur mon existence, j'ai constaté que j'avais mis plus de temps à grandir, handicapée par une enfance tumultueuse. Je me suis épanouie sur le tard.

Après mon AVC, en me documentant sur le fonctionnement du cerveau, j'ai appris que chez les enfants qui grandissent dans un environnement instable et dysfonctionnel, les synapses ne se forment pas de manière optimale. C'est l'un des désavantages dont j'ai pâti dès le départ, et l'une des raisons de ma maturité tardive.

Quelle que soit la cause d'un désagrément, la seule chose qui compte vraiment est ce que nous en faisons par la suite.

Quelle que soit l'étape de votre vie, allez de l'avant, telle une puissante rivière.

À quatre-vingts ans, je me sens plus jeune que jamais. Ma pratique spirituelle me pousse à vivre chaque instant avec la conscience aiguë du moment présent, sans perdre de vue l'avenir. Avec tous mes problèmes de santé, chaque journée supplémentaire est une cerise sur le gâteau de ma vie.

Il ne faut pas oublier que vieillir et prendre de l'âge ne sont pas nécessairement la même chose. Selon l'auteur germano-suisse Hermann Hesse, plus on mûrit, plus on rajeunit. Quelle chance !

Quel que soit votre âge, en continuant à mûrir, j'espère que vous rajeunirez et continuerez à aller de l'avant.

Si vous vous trouvez dans une impasse et que vous ne savez pas comment avancer, trouvez un domaine où faire un pas pour vous améliorer et avancer, même si ce n'est qu'un petit pas.

Inutile de penser être suffisamment doué pour s'aventurer en terre inconnue. Si l'on attend d'être convaincu d'avoir assez de de talent pour relever un nouveau défi, on n'accomplit jamais rien.

Petits, mes deux fils adoraient l'eau, j'ai donc engagé un maître-nageur. Mais imaginez qu'ils aient refusé d'entrer dans une piscine avant d'avoir appris à nager. Ils auraient attendu très longtemps et ne seraient jamais devenus de grands nageurs. Apprendre à nager, c'est se jeter à l'eau et s'entraîner aux mouvements qui vous permettront de ne pas couler et de finalement glisser avec aisance.

Lancez-vous en terrain inconnu. Songez que vous avez le talent pour relever de nouveaux défis. Oubliez vos craintes, et allez-y, sautez dans le grand bain de la vie !

Changez votre vie aujourd'hui.
Ne pariez pas sur l'avenir,
agissez maintenant, sans attendre.

Simone de Beauvoir

Tout ce que vous pouvez faire
ou rêver de faire, allez-y.
L'audace a du génie, de la force et de la magie.

John Anster

Il est bon d'avoir une fin vers laquelle voyager,
mais c'est le voyage qui compte.

Ursula K Le Guin

Chacun accomplit sa révolution humaine à son rythme. Mes plus grandes transformations sont arrivées tard dans mon existence. Le progrès personnel n'est pas une course contre la montre, alors prenez votre temps et allez à votre rythme.

N'oubliez pas que votre histoire n'est pas votre identité. Nous avons la possibilité de repartir à zéro chaque jour.

Mon succès est venu après moult ajustements et des victoires âprement gagnées – ce qui n'a rien d'une promenade de santé. Mais quand j'ai percé, cela a été un véritable séisme. Du jour au lendemain, Tina Turner était partout. À la radio, sur MTV, dans les talk-shows, dans *Mad Max : Au délà du dôme du tonnerre,* dans les stades, les magazines et en fond sonore chez le dentiste.

Telles les éruptions volcaniques, cette percée résultait d'une fabuleuse quantité d'énergie, d'un travail au long cours, de répétitions, de pratique, de lectures et de moments d'introspection sincères. Avec cette phrase de Nichiren à l'esprit : « Là où il y a une vertu cachée, il y aura une récompense visible. »

La récompense la plus visible de mon travail en coulisses a été de me produire en *live* devant des dizaines de millions de personnes au cours de ma carrière.

J'ai prié pour, encore et encore. Je voulais toucher autant de cœurs que possibles par ma musique.

Je m'imaginais aussi remporter plusieurs Grammy Awards, un rêve devenu une réalité avec mon album *Private Dancer.*

Quand j'y repense, j'en ai les larmes aux yeux. Comme lorsque je me rappelle mes trente-quarante ans, où je m'imaginais mon futur mari et notre havre de paix. Assise avec Erwin ce matin-là au petit-déjeuner, j'ai réalisé ma chance de connaître ce bonheur parfait, et si longtemps espéré.

Notre maison sur le lac de Zurich n'est pas si éloignée des prairies de Nutbush, autre raison pour laquelle j'ai toujours aimé la Suisse. C'est difficile à décrire mais, d'une certaine manière, la nature me berce ici d'un amour à la fois extérieur et intérieur. Ce sentiment nourricier est le thème de l'album Beyond de 2014, *Love Within.*

Ma mère ne voulait pas de moi. Son rejet m'a poussée à rechercher l'amour dans des relations malsaines, une quête infructueuse qui m'a donné une image de moi si négative que j'ai toléré des abus insensés.

Ma pratique spirituelle m'a apporté la guérison, c'est le message que je partage dans *Love Within.* Même si nous n'avons pas reçu l'amour d'une mère, ou d'une figure parentale, en tant qu'adultes, nous pouvons devenir cette source d'amour nourricier pour nous-même.

Puiser en soi cet « amour maternel » augmente notre capacité à pardonner. Mon travail sur l'estime de soi et la perspective de la lumière de ma nature de Bouddha a été la clé pour le voyage de ma vie. C'est ainsi que j'ai trouvé mon véritable moi.

En me trouvant, j'ai découvert que je possédais les clés, comme vous.

Vous aussi, vous pouvez accéder à votre nature de Bouddha. Consciemment ou non, nous détenons tous cette clé en nous pour déverrouiller les portes de notre salut et de nos rêves.

Ce phare bouddhique du cœur et de l'esprit est vecteur d'un bonheur durable ; il suffit juste de le révéler. Et tout changement commence par un bouleversement intérieur.

Le retour à sa véritable identité peut prendre du temps, mais comme le dit le vieux dicton, la patience est mère de toutes les vertus. Et s'il y a une vertu que j'ai à revendre, c'est bien la patience. Qui me vient de ma spiritualité.

Dans les écritures bouddhiques, un autre nom pour Bouddha est « celui qui endure ». Chaque fois que vous relevez des défis, rappelez-vous que vous démontrez ce noble état de la bouddhéité.

Si vous avez été blessé, pansez vos plaies, sinon vous risquez de faire souffrir les autres à votre tour. Je ne doute pas qu'Ike était de ces « blessés », mais il m'a fallu beaucoup de temps pour ressentir un peu de compassion envers lui.

*C'est dans l'adversité que l'on découvre
en soi des ressources insoupçonnées.
C'est grâce à elles que vous pouvez aller plus loin,
et dépasser vos limites.*

Cicely Tyson

*On ne vous juge pas à la hauteur
que vous atteignez,
mais à la profondeur de laquelle
vous vous êtes élevé.*

Frederick Douglass

*L'un des plus beaux cadeaux
que l'on puisse se faire, pardonner.*

Maya Angelou

J'ai fini par accepter le fait qu'Ike devait souffrir pour nous traiter ainsi, les enfants et moi.

Grâce à mes années de pratique, j'ai pu lui pardonner.

J'évoque peu le pardon en public. Parfois, on se fait une fausse idée lorsque j'affirme avoir pardonné à ceux qui m'ont fait souffrir. Les pardonner n'est pas la même chose que les excuser. La loi de cause à effet est stricte. Personne n'échappe aux conséquences de ses actions, pardonnées ou non.

J'ai choisi le pardon et l'introspection plutôt que le blâme. Pour mon bien, car j'ai réalisé que la seule personne souffrant de la douleur passée, c'était moi.

En société aussi, tandis que nous nous élevons contre les injustices, nous devons garder la paix, l'amour et le pardon dans nos cœurs afin de développer nos pouvoirs spirituels. Ce n'est qu'en brisant les cycles de la négativité que nous pouvons réussir à nous élever, nous et les autres.

Le ressentiment, la colère, et le désir de se venger en se raccrochant à nos expériences négatives, telles sont les lourdes chaînes qui nous entravent.

Qui voudrait d'un tel fardeau ?

L'état d'esprit libérateur du pardon et de l'autoréflexion peut être appliqué à chaque expérience de la vie quotidienne, et pas seulement aux choses importantes. Chaque fois que nous sommes contrariés ou agacés, il faut se souvenir du sédiment qui est en nous (comme nous l'avons vu au chapitre 4) et nous demander si nous voulons entretenir ou anéantir la négativité. Si la réponse est de l'anéantir – comme j'espère que c'est toujours le cas, – alors l'étape suivante consiste à considérer ce qui s'est passé comme une opportunité de développer notre sagesse et notre compassion, de tirer un trait sur la négativité et de purifier notre karma.

Après avoir commencé à voir les situations bouleversantes comme une opportunité de transformation, les schémas karmiques qui me tourmentaient auparavant ont disparu. J'avais appris la leçon universelle selon laquelle blâmer les autres ne fait que prolonger la douleur.

En assumant la responsabilité que j'ai pu avoir dans une expérience négative, je m'en suis libérée pour toujours. C'est ainsi que j'ai guéri les blessures de mon cœur, emplie de compassion pour moi-même et pour les autres.

En nous guérissant, nous aidons nos enfants, et les enfants de nos enfants, à être entiers pour leur voyage dans l'existence. Ces dix dernières années, j'ai eu le plaisir de travailler avec des enfants d'origines diverses, partageant avec eux un message pour un monde intérieur puissant.

Au cours de ces ateliers, j'explique aux jeunes ce que j'aurais aimé que l'on m'enseigne enfant, à savoir que nous connaissons tous des états positifs et négatifs, et que c'est à nous de prendre les bonnes décisions pour être heureux. L'essence de ces ateliers pour enfants est la raison d'être de l'album *Children Beyond*. Qui présente les thèmes du respect et de l'unité interconfessionnels aux plus jeunes.

Lorsque je pense aux enfants, je vois mes fils bien-aimés. J'ai perdu Craig à l'été 2018, alors que j'étais à Paris avec Erwin pour célébrer notre anniversaire et assister au défilé de notre ami Giorgio Armani. Après le show, j'allais me coucher quand Erwin a reçu un message urgent de Los Angeles.

Il nous annonçait que Craig s'était suicidé.

Cela fait presque deux ans au moment où j'écris ces lignes, et son absence est toujours aussi insupportable. Ronnie, mon fils cadet, sait mieux que quiconque que Craig souffrait d'un profond sentiment de solitude, lié, je crois, à sa dépression. Il comptait des amis merveilleux et était proche de sa famille, mais souffrait en silence. Ce n'est qu'après sa mort que j'ai commencé à comprendre qu'il avait de gros soucis de santé mentale, et n'était pas en mesure de les surmonter seul.

Malheureusement, ces maux sont encore stigmatisés et empêchent souvent de demander de l'aide. C'est particulièrement vrai pour les hommes, et pire encore pour les hommes noirs, comme mon fils. Pendant une grande partie de sa vie d'adulte, Craig a bu pour affronter ses problèmes, ce qui n'a fait qu'empirer les choses. Nous sommes persuadés que l'alcool a joué un rôle dans sa mort.

Fin juillet 2018, ont eu lieu deux commémorations, l'une intime, l'autre publique. Des hommages pour se rappeler sa gentillesse, son humour, sa sincérité et toutes ses autres qualités (quel cuisinier incroyable !). Craig nous manquera à jamais.

Voici un message partagé ce jour-là que je souhaite vous transmettre :

Si vous, ou l'un de vos proches, souffrez de troubles psychiques, n'hésitez pas à demander de l'aide.

Ces difficultés ne sont pas plus honteuses que les problèmes physiques – les deux méritent d'être traités. Un bras cassé ? Une vilaine fièvre ? Du diabète ? Vous foncez chez le médecin. Vous ne souffrez pas en silence et espérant guérir seul. La santé mentale est tout aussi précieuse, sinon plus, et nécessite l'aide de professionnels.

J'ignore si la solitude de Craig a été amplifiée par l'influence des réseaux sociaux et autre dépendance au téléphone. Mais depuis qu'il est parti, je ne cesse de voir des reportages sur l'épidémie de solitude, en particulier chez les jeunes. Des générations plus isolées. Et un vrai problème de santé publique.

On peut soigner le corps avec des médicaments,
mais le seul remède à la solitude
et au désespoir,
c'est l'amour.

Mère Teresa

La pire des solitudes est
de ne pas être à l'aise avec soi-même.

Mark Twain

Vous devez savoir que votre vraie maison
est en vous.

Quincy Jones

Cette crise ne m'étonne pas. Partout, les gens sont scotchés à leur téléphone, imperméables à leur environnement. Le terme « ami » a perdu sa signification et des individus que vous connaissez à peine, avec lesquels vous n'interagissez qu'en ligne, sont de nouveaux amis.

À mon sens, alors que les réseaux sociaux étaient à l'origine une activité véritablement sociale, ils se sont largement transformés en « réseaux antisociaux ». Les plus jeunes générations sont clairement celles qui souffrent le plus de cette nouvelle réalité. J'ai bien peur que ce soit un symptôme de notre évolution technologique qui surpasse le rythme de notre évolution spirituelle.

Lorsque j'avais dix ans, moins de 10 % des foyers américains possédaient une télévision. Le seul média de masse était la radio, voire le cinéma. Aujourd'hui, la télévision est partout ou presque, films et musiques en consommation illimitée, informations et autres désinformations à portée de toutes les mains. Cela m'inquiète.

Ne vous méprenez pas. Comme tout le monde, je lis les commentaires sur mes comptes. Mais je reste lucide sur la toxicité des mondes virtuels et sur les réseaux sociaux. Et beaucoup de gens ne sont pas aussi bienveillants que le sont mes fans avec moi.

Les distorsions courantes du monde virtuel – avec ses images truquées et sélectives qui montrent des personnes à l'existence apparemment insouciante et « parfaite » – ont une influence malsaine sur l'esprit, et en particulier sur celui des jeunes. D'après ce que je vois sur Internet aujourd'hui, et dans les médias en général, il n'est pas étonnant que de nombreuses personnes pensent que devenir milliardaire soit la chose la plus importante au monde. Il n'est donc pas surprenant que les gens se sentent de plus en plus divisés et seuls.

En réalité, ce dont nous avons le plus besoin actuellement, ce sont des légions de milliardaires du cœur, des multitudes de maîtres de l'esprit et des modèles de paix, d'égalité et d'unité dans la diversité. Ce sont, à mon avis, les exemples dont les générations futures ont besoin.

J'espère que, dans un avenir proche, les différents poisons technologiques auxquels la société est confrontée pourront être transformés en remèdes.

Pour l'instant, la meilleure solution consiste à passer moins de temps sur nos téléphones, tablettes et ordinateurs et plus de temps les uns avec les autres, avec de vrais êtres humains, face à face, notre cœur ouvert aux autres.

Lorsque je suis à la maison avec Erwin, nous mettons un point d'honneur à ne pas nous laisser distraire par les téléphones à l'heure des repas. Non pas que les écrans et les appareils soient les seuls coupables. J'ai souvent du mal à m'arracher au livre que je suis en train de lire – je sais que vous me comprenez si, comme moi, vous adorez lire. Mais je résiste, car aucun roman n'est comparable au fait de partager du temps avec mon cher mari. Je sais que la dernière chose que l'on souhaite est de penser à la mort, mais ayant été confrontée à la mienne à maintes reprises, je ne suis que trop consciente que la vie est courte et qu'elle peut prendre fin à tout moment. Être toujours conscient du temps limité que nous avons ici sur Terre, et en tirer le meilleur parti, pour le bien de tous, fait également partie de ma pratique spirituelle.

Est-ce que je veux passer le temps précieux qu'il me reste – ou qu'il reste à mes proches – collée à un écran ? Une fois que ce temps sera passé, il le sera pour toujours, et je ne veux pas l'avoir gaspillé.

Donc, si vous avez du mal à vous détacher de vos écrans pour interagir avec autrui, n'oubliez pas que vous ignorez pour combien de temps vous et les personnes que vous aimez seront là. Cela vous aidera à vous défaire de cette habitude, je vous le garantis.

Se sevrer des écrans ne nous laisse pas seulement plus de temps pour des interactions avec nos proches, cela permet aussi de parler avec des inconnus dans la rue, ou dans un café, et de se faire de nouveaux amis. Il est important de sortir de nos bulles et de rencontrer des personnes d'horizons différents, afin d'ouvrir les esprits et d'empêcher le cloisonnement dans des murs dont l'écho ne renvoie que nos propres opinions.

Nous devons faire tout notre possible afin d'empêcher que des barrières ne s'érigent entre les cœurs. Il faut inverser la tendance entre voisins qui ne se connaissent plus, et rechercher ce qui nous lie aux personnes d'autres pays, en oubliant les critères raciaux, religieux ou nationaux. Cette fracture de la société est insoutenable.

Nous avons tous des identités multiples. Au cours de cette vie, j'ai moi-même été : fille, sœur, baptiste, chanteuse, américaine, mère, bouddhiste, actrice, suisse, épouse, etc. Mais l'identité la plus importante et la plus fondamentale que je partage avec vous et avec tous les autres habitants de la planète est la suivante : humaine.

Je crois que ce n'est qu'en nous éveillant à cette identité commune que nous pourrons nous sauver, individuellement et collectivement, des problèmes auxquels nous sommes confrontés. Nous devons de toute urgence travailler ensemble pour trouver des solutions aux poisons que sont le racisme, l'homophobie, le réchauffement climatique, les pandémies, la disparition de la jungle amazonienne, l'élevage industriel des animaux, les énergies fossiles, les armes nucléaires, la pollution plastique, etc.

La solution universelle à tous les problèmes auxquels l'humanité est confrontée consiste à nous unir en une vaste communauté mondiale, en honorant nos racines les plus profondes en tant que membres du même cercle de vie.

S'unir dans cet esprit est mon espoir et ma prière pour les générations futures.

J'avais tout cela en tête alors qu'un arc-en-ciel d'humanité nous accueillait, Erwin et moi, à bras ouverts à New York le 7 novembre 2019. Nous étions là pour la première de *Tina : The Tina Turner Musical,* et alors que nous nous frayions un chemin dans les rues animées de la Grosse Pomme, j'ai vu mon nom sur le panneau brillant du Lunt-Fontanne Theatre.

Le gala fut émouvant et joyeux, et j'en ai apprécié chaque minute. Tous nos invités ont passé un bon moment et je me suis sentie très fière.

De retour chez nous à Zurich la semaine suivante, Erwin et moi avons profité d'un moment de calme dans le jardin, et admiré le ciel de cette fin d'automne qui s'est mué en un coucher de soleil pourpre.

Vous pouvez vraiment changer le monde,
si vous y tenez.

Marian Wright Edelman

Ne renoncez jamais à vos véritables objectifs.
Si vous êtes animé par l'amour et l'inspiration,
je pense que vous ne pouvez pas vous tromper.

Ella Fitzgerald

Vous êtes votre meilleur atout.

Toni Morrison

Avant de retourner dans la maison, Erwin et moi avons écouté le chant des oiseaux. Dans la cuisine, nous avons préparé un délicieux dîner en discutant de mon prochain anniversaire, quatre-vingts ans, et du chiffre 8, qui a une signification dans la tradition spirituelle.

Amoureuse des livres, j'ai fait des recherches sur le sujet et découvert toutes sortes d'informations intéressantes.

Selon Nichiren, le Bouddha Shakyamuni a résumé l'ensemble du *Sûtra du Lotus* en huit caractères, se traduisant par « Levez-vous et saluez-le de loin, en lui témoignant le même respect qu'à un Bouddha. » Ce qui signifie que l'esprit du *Sûtra du Lotus*, et par extension de *Nam-myoho-renge-kyo*, est de montrer un profond respect à tous les êtres vivants.

De nombreuses cultures asiatiques voient dans le 8 un bon présage, représentant la chance, l'ouverture et la croissance. En effet, écrit en caractères traditionnels japonais et chinois, le 8 évoque un sentier qui s'élargit ou une porte qui s'ouvre, considéré comme un signe de bonne fortune.

On raconte qu'à quatre-vingts ans, Shakyamuni a convaincu les dirigeants belliqueux d'un puissant royaume de déposer les armes et de vivre en paix avec leurs voisins.

On dit aussi que Moïse avait quatre-vingts ans lorsqu'il s'est adressé pour la première fois au pharaon au nom de son peuple.

Et la fleur de lotus, symbole universel du bouddhisme, compte huit pétales. Ainsi, visualisant mes quatre-vingts ans, j'imagine dix fleurs de lotus à huit pétales, de couleurs variées, tourbillonnant dans le ciel, telle une scène d'un film de Bollywood.

Lorsque je parle de l'importance de devenir octogénaire, on me demande parfois : « Si vous pouviez remonter le temps et changer quelque chose dans votre vie, que changeriez-vous ? »

Ma réponse ? Rien.

Le bon et le mauvais, le laid et le beau, pour moi, forment un tout. Je ne renie rien de mon parcours, dans son ensemble. Changer le passé signifierait me changer. Et je m'aime bien comme je suis. Pourquoi changer quoi que ce soit ?

Selon la personne qui pose la question, ma réponse peut être plus profonde, par exemple :

J'ai déjà changé mon passé, transformant le poison en remède, élevant mon état de vie, ce qui modifie ma perception du passé. Et c'est notre perception qui détermine la manière dont les événements nous affectent. Ainsi, lorsque nous changeons la façon dont un événement passé nous affecte, nous transformons le passé.

En d'autres termes, puisque le passé, le présent et le futur sont intimement liés, un changement dans le moment présent peut entraîner une transformation de tout, dans toutes les directions de l'espace et du temps.

Parfois, en m'écoutant, on me dit que je ressemble à un maître Jedi de *La Guerre des étoiles*.

La raison pour laquelle j'accepte tout ce que j'ai vécu vient de la conviction que chaque détail de ma vie est à la fois mon karma et ma mission.

Nous sommes tous nés avec une mission, un but, que nous sommes les seuls à pouvoir remplir.

Lorsque vous vivez dans la joie d'un objectif, insufflant à votre vie un but plus grand que vous-même, chaque aspect de votre karma peut devenir une facette brillante de votre mission. Vous pouvez transformer chagrin et adversité en joie, stabilité, santé et prospérité. En changeant le poison en remède et en accomplissant votre révolution intérieure, chaque expérience peut être une source d'inspiration pour les personnes rencontrant les problèmes que vous avez surmontés.

Vous pouvez devenir un ambassadeur d'espoir, un trésor essentiel et rayonnant de l'humanité, en acceptant que tous ceux qui ont vécu sont membres de votre communauté.

Tant que vous continuez à porter cette lumière, œuvrant au bien du monde, l'énergie positive que vous déployez vous reviendra en abondance. En refusant de perpétuer le mal qui vous a été fait, vous vous libérez des chaînes du négatif.

Consacrez votre existence à la paix et à la bienveillance.

Poursuivez vos rêves jusqu'à leurs sommets les plus heureux.

J'espère que ce petit livre vous sera utile dans votre ascension vers l'épanouissement.

Merci de m'avoir lue et d'avoir ouvert votre cœur et votre âme.

Je vous souhaite le meilleur pour votre voyage vers la joie, et vous laisse avec cette prière :

Je vous en prie
n'abandonnez jamais,
continuez
à rendre possible l'impossible,
à transformer
le poison en remède,
pour trouver
le vrai bonheur,
parce que
le bonheur est en vous,
à jamais.

Postface
Par Regula Curti et Taro Gold

TARO GOLD : La force de la nature qu'est Tina Turner m'est apparue pour la première fois le soir du nouvel an 1981. Je venais d'avoir douze ans et j'étais un comédien en herbe après la première tournée nationale de la comédie musicale *Evita*.

Je ne me souviens de rien ce soir-là avant d'avoir allumé la télévision. En revanche, je n'ai pas oublié ce que j'ai vu sur le petit écran : une femme que je ne connaissais pas chantait et dansait, irradiant la scène de son énergie magnétique.

« Qui ça peut bien être ? » me suis-je demandé.

J'ai appelé ma mère qui savait sans doute qui était cette mystérieuse artiste – elles semblaient avoir à peu près le même âge.

« Je ne l'ai pas vue depuis des années, a dit ma mère, mais je suis presque sûre que c'est Tina. Elle est superbe ! »

« Tina qui ? »

« Tina Turner. »

Et tandis que j'entendais son nom, Tina termina son spectacle. Une première impression très forte qui a laissé son énergie gravée dans ma psyché. Je ne me rappelle pas avoir revu Tina avant que son tube *What's Love Got to Do with It* prenne d'assaut la planète en 1984. Elle était partout dans les médias, et ma mère écoutait en boucle ce chef d'œuvre de Tina qu'est l'album *Private Dancer*.

REGULA CURTI : Ma première expérience avec Tina Turner remonte à 1983. J'avais vingt-sept ans et je traversais une période difficile. J'ai grandi au sein d'une famille suisse cosmopolite, dans une société conservatrice. Pourtant, c'était aussi l'époque de l'émancipation des femmes. Déchirée entre mon rôle de fille obéissante et mon côté sauvage et rebelle, je craignais de ne jamais trouver mon vrai potentiel.

Ayant rejoint l'armée suisse à vingt ans, où les femmes avaient les mêmes droits et devoirs que les hommes, j'avais un aperçu plus vaste de la féminité moderne. Pourtant, alors que j'habitais avec mon premier mari dans un petit village suisse niché dans une vallée étroite, j'avais très peur – physiquement et moralement – d'y être enterrée vivante.

Tout a changé lors d'une froide nuit de décembre au Centre des congrès de Zürich où j'ai vu Tina électriser la scène, dansant dans une robe rouge scintillante, authentique éclair glamour.

Alors que résonnait sa voix mélancolique, l'énergie, la liberté et la force vitale de cette femme devant moi semblaient sans limite. J'en eus le cœur tout retourné et j'ai senti que je pouvais en faire davantage, m'autoriser plus de rêves. En quittant la salle ce soir-là, j'ai décidé de m'affranchir de certaines contraintes. Jamais, dans mes rêves les plus fous, je n'aurais songé qu'une telle expérience – un concert de rock'n'roll – allait changer ma vie. C'était – de loin – le plus beau cadeau que j'avais jamais reçu d'une artiste.

En l'espace d'un an, le come-back tonitruant de Tina en tant qu'artiste solo était une évidence. Je ne me lassais pas de ses performances à la radio et à la télévision. Tina m'a aidée à donner un nouveau sens à ma vie, et sa voix m'a toujours rappelé la joie ressentie lors de cette soirée particulière où elle m'a montré le chemin de ma libération intérieure.

TARO : En 1986, mon père est décédé. Pour soulager ma peine, et « transformer le poison en remède », j'ai décidé de rejoindre ma mère et mes tantes japonaises qui, ensemble, récitaient chaque jour *Nam-myoho-renge-kyo*.

Environ six mois après avoir commencé à pratiquer, j'ai lu une interview de Tina dans laquelle elle évoquait sa pratique du bouddhisme. Elle disait rêver d'écrire un livre pour partager son voyage spirituel et encourager les gens à ne jamais abandonner leurs rêves.

Une veilleuse s'est allumée au fond de mon esprit, un murmure de la conscience me disant : *Un jour, tu l'aideras à mener à bien ce projet.*

À l'époque, je n'étais qu'un jeune plagiste de seize ans en Californie du Sud, et je n'étais pas sûr de la signification du message. Mais mon cœur me dictait de m'en souvenir – de garder cette idée à l'esprit pour l'avenir.

REGULA : Au moment de la chute du mur de Berlin en 1989, j'avais déjà une certaine confiance en moi et un esprit indépendant. Ma voix intérieure s'affirmait de plus en plus, me dictant d'être fidèle à moi-même.

Mariée depuis près de dix ans, au fond de moi, je savais que cette relation ne me rendrait pas heureuse. Une nuit, j'ai rêvé d'un grand lac bordé de superbes fleurs blanches sur sa rive opposée. Je plongeais et nageais vers ces fleurs, comme un saut vers mon avenir, ma vérité, ma joie.

Me remémorant l'exemple de Tina, j'ai décidé de divorcer.

Quatre ans plus tard, j'ai rencontré l'amour de ma vie, Beat Curti, que j'ai rapidement épousé.

TARO : Après l'obtention de mon diplôme universitaire en 1994, j'ai déménagé à West Los Angeles, où j'ai rencontré Ana et Wayne Shorter lors d'une réunion de pratique bouddhiste. Ana avait surmonté de graves difficultés grâce à sa pratique, en particulier de gros problèmes d'addiction. Wayne était un mélange de maestro, de bodhisattva, de père Noël et de sage oncle spirituel dont la voix unique me réconfortait.

Quelques années plus tard, j'ai rencontré Craig, le fils de Tina. Il aimait le fait que nous ayons le même prénom. Ce n'est qu'à l'adolescence que j'ai décidé d'utiliser mon deuxième prénom, Taro.

Craig était toujours très prévenant et gentil, et c'était un cuisinier hors pair, qui m'a souvent mitonné de bons petits plats vegans. Et il ne tarissait pas d'éloge sur sa mère, ainsi que sur Ana et Wayne.

Ils m'ont dit que Tina ne cessait d'encourager les gens autour d'elle, que ce soient les employés en tournée, les chauffeurs ou le personnel des hôtels. Curieuse de tous, elle n'était jamais avare de conseils chaleureux.

Parfois, lorsque quelqu'un lui demandait d'apprendre à réciter *Nam-myoho-renge-kyo*, elle l'envoyait chez Ana et Wayne. Là-bas, au fil des ans, je me suis fait des amis chers, tous témoins de la bienveillance et de la sagesse naturelle de Tina.

Pendant la tournée *Wildest Dreams* de Tina, à la fin des années 1990, j'ai eu le privilège de découvrir les coulisses de ses concerts en Europe, en Australie et aux États-Unis. Les visages des spectateurs sont restés gravés dans ma mémoire. Partout, quel que soit leur âge, leur genre ou leur origine, ils versaient une larme lorsque Tina apparaissait sur scène.

J'ai d'abord cru que ce n'étaient que les premiers rangs, des gens proches d'elle. Mais j'ai constaté qu'au fond des stades, c'était la même chose. Moi-même, j'ai pleuré.

J'avais assisté à de nombreux concerts, mais je n'avais jamais rien vu de tel. Tout le monde y allait de sa larme en voyant Tina. Mais pourquoi ?

REGULA : Un jour de 2001, un ami a demandé à mon mari, Beat, de rencontrer une personne intéressée par l'une de ses précédentes propriétés. Le nouvel occupant souhaitait savoir qui y avait vécu, quels types d'événements et de fêtes y avaient eu lieu, et ce que les anciens résidents pensaient de l'énergie régnant sur le domaine.

C'était le Château Algonquin, et à notre grande surprise, les nouveaux maîtres des lieux étaient Tina Turner et son partenaire, Erwin Bach.

Soudain, nous étions invités chez mon héroïne ! J'étais ravie.

Une magnifique table ronde décorée par Tina nous attendait. Le candélabre au centre était entouré de fleurs blanches. Tina et moi avons sympathisé en discutant spiritualité et j'ai eu l'impression que nous nous connaissions depuis toujours.

C'était comme un rêve devenu réalité, à la différence que je n'en avais même pas rêvé. Ou bien l'avais-je fait ?

Il s'avère que la propriété est sur la rive du lac de Zürich. Et devant moi, ces magnifiques fleurs blanches. Comme dans mon rêve dix ans plus tôt.

TARO : J'ai raconté à des amis qui ont travaillé et tourné avec Tina que tout le monde dans le public pleurait quand elle apparaissait sur scène. C'était mystique et magique, mais très réel.

Ils avaient une explication : Tina pratique une heure avant chaque spectacle, priant pour le bonheur de chaque membre du public et pour faire naître de l'espoir dans leur cœur.

C'est ce que j'ai vu sur tous ces visages dans le monde entier. Le souhait de joie de Tina est si intense et sincère qu'elle a ému des stades entiers.

REGULA : Je verse une larme quand je pense à la compassion dont est capable Tina. Et en 2009, j'ai pleuré de joie quand je me suis retrouvée à danser lors de son soixante-dixième anniversaire.

Cette année-là avait marqué le début de notre collaboration musicale pour le projet *Beyond Music* et, à l'approche de la fête privée, Tina m'a demandé d'être l'une de ses choristes et danseuses.

Dans son garage, trois fois par semaine pendant quelques mois, Tina nous a appris, à moi et à cinq autres copines, les pas de danse pour *Proud Mary*, *Steamy Windows* et *Simply the Best*. Elle était farouchement décidée à tirer le meilleur de nous-mêmes, de notre personnalité, de notre beauté et de nos talents cachés.

Elle nous a donné de précieux conseils sur nos mouvements, expressions, chaussures, tenues, coiffure et maquillage. Elle a un œil de lynx pour les détails. Ce soixante-dixième anniversaire avec elle est un merveilleux souvenir. Avoir Tina comme mentor pour la scène fut un immense honneur.

Cette expérience a transformé ma vie et je suis devenue une meilleure interprète grâce à elle. À partir de ce moment-là, je me suis sentie plus libre et confiante sur scène.

Tina m'a montré que j'avais des ailes, comme nous en avons tous.

TARO : Dans les années 2000, j'ai écrit des livres à succès traitant de la sagesse orientale et de choses que j'ai apprises quand j'ai vécu au Japon pendant mon adolescence et mes études. J'ai parcouru les États-Unis et le reste du monde pour des signatures, une expérience riche d'enseignements.

Depuis que j'ai rencontré mon mari, Wendell, en 1995, et tout au long des années 2000, nous avons exploré le monde. Et à partir de 2005, nous sommes allés en Suisse au moins une fois par an.

Par un heureux hasard, j'y ai rencontré Regula en 2014.

Autour d'un thé, nous avons partagé notre amour du bouddhisme et découvert les intersections mystiques de la vie de Tina avec la nôtre.

REGULA : Le jour où j'ai rencontré Taro, je lui ai dit que Tina rêvait depuis longtemps d'écrire un livre à propos de son cheminement spirituel. Mais elle sentait que le moment n'était pas opportun et souhaitait trouver un coauteur bouddhiste.

J'avais lu quelques livres de Taro et, ce jour-là, j'ai réalisé qu'il partageait la même pratique bouddhiste que Tina. J'ai immédiatement suggéré que lui et moi aidions Tina à donner vie à l'ouvrage.

Taro et moi avons élaboré un plan du livre que nous avons soumis à Tina et Erwin. Mais à l'époque, Tina rencontrait de graves problèmes de santé. Et si tout le monde appréciait notre ébauche, la rédaction du livre devrait attendre que Tina se rétablisse.

TARO : *Souvenez-vous de l'avenir*... Ce sentiment ressenti à seize ans était finalement devenu clair pour moi.

La vie avait trouvé un moyen de tout harmoniser. Comme Regula me l'a dit un jour : « La grande force organisatrice de l'univers a guidé nos chemins sur le même sentier. »

REGULA : C'est une bénédiction que Tina ait surmonté ses problèmes de santé et le travail pour créer ce livre a commencé au printemps 2019. Tina m'a confié que partager son histoire spirituelle était son ultime cadeau.

TARO ET REGULA : Cet ouvrage représente pour Tina son héritage du cœur. Et en l'aidant à s'exprimer intimement, nos cœurs ont gagné plus que ce que nous aurions pu imaginer.

La sagesse de Tina nous pousse à davantage de compassion, à aller chercher des réponses plus profondément en nous et à être plus heureux aujourd'hui qu'hier. Son âme de battante est un puissant stimulus pour accomplir ce qui est possible.

Tina nous a guidés afin que nous puissions « polir le miroir de l'existence » et voir en nous plus clairement – et avoir une vie meilleure.

C'est tout le mal que nous vous souhaitons.

REGULA CURTI ET TARO GOLD
8 août 2020

Remerciements

TINA : Je voudrais remercier mes coauteurs, Regula Curti et Taro Gold, pour leur dévouement et pour m'avoir aidée à partager mes pensées.

TINA, REGULA ET TARO : Nous souhaitons exprimer notre profonde gratitude à nos maris, Erwin, Beat et Wendell, pour leur soutien inconditionnel.
Mais aussi remercier Anna Wichmann, du Looping Group, Richard Pine et Peter Borland pour leur excellence littéraire ; le Dr. Neil deGrasse Tyson et le Dr. Andrew Barron pour leur œil scientifique avisé et leur perspicacité ; et les nombreuses personnes qui, en coulisses, ont aidé à parfaire ce livre.

Glossaire

Alaya

La huitième conscience, dans laquelle résident toutes nos pensées, paroles et actions (karma), conscientes ou non ; ainsi que la mémoire collective de l'humanité. Également appelée « conscience *alaya* » ou « conscience du grenier ». (Voir aussi : neuf consciences.)

Amala

La neuvième conscience, celle de notre nature de Bouddha, du «grand Soi» où réside notre force vitale pure et libre de tout karma. Également appelée « conscience *amala* » ou « conscience pure ». (Voir aussi: neuf consciences).

Arbre de la Bodhi

Grand arbre de la famille des figuiers, également connu sous le nom d' «arbre de la connaissance», ou «arbre de l'éveil». On dit que l'illumination du Bouddha Shakyamuni se serait produite alors qu'il était assis sous cet arbre.

Ashram

Lieu de retraite spirituelle, notamment en Asie du Sud.

Bodhisattva(s)

Les bodhisattvas sont des personnes qui aspirent à l'illumination (statut de Bouddha), dont les principales caractéristiques sont la compassion et l'altruisme. En sanskrit, *bodhi* signifie «éveil» et *sattva* «existence», ou «principe vital».

Bouddha

En sanskrit, bouddha signifie « éveillé ». Terme qui désigne une personne qui perçoit correctement la vraie nature de tous les phénomènes, et qui conduit également les autres à l'illumination. La nature de Bouddha, force vitale indestructible, existe dans tous les êtres et possède les qualités de sagesse, de courage et de compassion.

Bouddha Shakyamuni

Le Bouddha historique, également connu sous le nom de Siddhartha Gautama, ou Gautama Bouddha, vécut il y a environ 2 500 ans, entre 560 et 480 avant J.-C. Il est le fondateur du bouddhisme, dont les enseignements sont contenus dans des recueils appelés sûtras, parmi lesquels figure le *Sûtra du Lotus,* considéré comme son ultime enseignement. *Shakyamuni* signifie « sage du clan Shakya ».

Bouddhisme

Le bouddhisme fait référence à un éventail d'écoles spirituelles fondées sur les enseignements originaux du Bouddha Shakyamuni. Le bouddhisme est la quatrième religion au monde. Les pratiquants, appelés bouddhistes, représentent environ 10 % de la population mondiale.

Bouddhisme de Nichiren

École du bouddhisme trouvant son origine dans les enseignements de Nichiren (1222-1282), moine et philosophe japonais du XIIIe siècle. Nichiren enseignait que le titre, ou *Daimoku* en japonais, du *Sûtra du Lotus* (*Nam-myoho-renge-kyo*) contient l'essence des enseignements bouddhistes.

Butsudan

Signifiant « autel bouddhique » en japonais, le *butsudan* est un temple de culte qui contient le *Gohonzon*, ou mandala, que l'on trouve généralement dans les centres bouddhistes de la SGI et dans la demeure des pratiquants.

Cause et effet

Principe bouddhiste selon lequel toutes les actions humaines (pensées, paroles et actes) ont des conséquences, positives ou négatives. Les conséquences sont considérées comme n'étant ni une récompense ni une punition, simplement des résultats consécutifs. Le bouddhisme explique que la loi de cause à effet est universelle, qu'elle s'applique à toute vie et qu'elle couvre les existences passées, présentes et futures. La loi de cause et d'effet (également appelée Loi mystique, loi de cause à effet ou causalité) est le fondement de la doctrine du karma.

Chakras

Le mot sanskrit *chakra* signifie « roue » et, dans les anciennes traditions médicinales orientales, chakra indique les points d'énergie clés et le mouvement de l'énergie dans le corps d'une personne. Le *Dharmachakra*, ou « Roue de la Loi », est souvent utilisé pour décrire les enseignements du bouddhisme, car il indique la rotation des roues de l'illumination.

Daimoku

Signifiant « titre », *Daimoku* fait référence à *Nam-myoho-renge-kyo,* le titre sanskrit du *Sûtra du Lotus.*

Dix états

Dix états de vie potentiels inhérents à chaque individu. Ces dix états sont : 1) l'état d'Enfer (impulsion à se détruire et à détruire toute chose), 2) l'état d'Avidité (désirs insatiables et tourments qui en découlent), 3) l'état d'Animalité (l'instinct, sans raison ni morale), 4) l'état de Colère (attachement à l'ego, égoïsme, conflit et arrogance). Ce sont les quatre mauvaises voies.

5) L'état d'Humanité (calme relatif, contrôle de ses désirs instinctifs, harmonie), 6) l'état de Bonheur temporaire (exaltation temporaire, ravissement procuré par l'extérieur, un désir réalisé).

La plupart des gens vont sans cesse de l'une à l'autre de ses six voies.

Les états dans lesquels une personne dépasse l'incertitude des six voies sont appelés les quatre nobles mondes.

Ce sont 7) l'état d'Étude (recherche d'une vérité durable, d'un enseignement pour s'améliorer), 8) l'état d'Éveil personnel (comprendre l'impermanence des phénomènes et faire des efforts pour se libérer des six voies), 9) l'état de Bodhisattva (inspiration à l'éveil non seulement pour soi, mais aussi pour les autres, actes de compassion, se consacre au bien d'autrui), et 10) l'état de Bouddha (condition de liberté parfaite et absolue, dans laquelle une personne jouit d'une sagesse et d'une compassion sans limite ; courage, force permettant de surmonter les difficultés, compréhension des phénomènes).

Chaque « état » contient potentiellement tous les autres en son sein.

L'Ego

L'ego est un sentiment de séparation, de dualité et une notion de différence ou de supériorité par rapport aux autres. Il s'agit d'une fausse perception de soi en tant qu'être distinct de la grande toile de la vie et des autres, qui conduit souvent à l'ignorance, l'arrogance et la colère (aussi appelé les trois poisons).

Gohonzon

Parchemin, objet de culte utilisé lors de la récitation du mantra (*Nam-myoho-renge-kyo*) de la tradition bouddhiste Soka Gakkai. En tant qu'incarnation physique de *Nam-myoho-renge-kyo*, le *Gohonzon* exprime les aspects éclairés des dix états, que tout le monde possède par nature. En japonais, *Go* est un préfixe honorifique qui signifie « digne de respect », et *honzon* indique « objet de vénération ». Nichiren décrit le *Gohonzon* comme « l'objet fondamental [mandala] pour l'observation de l'esprit ».

Gongyo

Littéralement, « pratique assidue ». Le *Gongyo* fait référence à la pratique bouddhiste biquotidienne de la Soka Gakkai, qui consiste à réciter des parties des deuxième et seizième chapitres du *Sûtra du Lotus*, en plus de la récitation de *Nam-myoho-renge-kyo*.

Le grand Soi

Le grand Soi donne une clé pour créer le changement de conscience nécessaire pour rétablir l'harmonie de la vie sur notre planète, ancré dans le respect de la dignité de toute vie et de son interdépendance. Celui qui défie l'égocentrisme par une action altruiste élargit considérablement le petit ego vers l'idéal du grand Soi.

Illumination

C'est révéler l'état de Bouddha, sans changer d'apparence, en tant que personne ordinaire. Loin de l'idée d'un nirvana lointain, le *Sûtra du Lotus* enseigne qu'il n'est pas nécessaire de changer d'apparence de soi pour devenir Bouddha.

Karma

Karma est un mot sanskrit signifiant « action ». La doctrine du karma est fondée sur la loi de cause à effet et constitue la somme de nos pensées, mots et actes (causes) du passé. Ces causes résident dans le royaume intérieur de la vie en tant qu'énergies potentielles jusqu'à ce que les circonstances se présentent pour qu'elles se manifestent sous forme d'effets. Le karma individuel peut être considéré comme la résultante karmique du microcosme d'un être vivant particulier.

Au-delà du karma individuel, il existe également un karma collectif. En tant que famille, société, nation, humanité, communauté mondiale d'êtres humains et ainsi de suite, nous partageons les résultats karmiques de la grande toile de la vie. Même si en tant qu'individus, nous n'avons pas directement participé à une action particulière au sein de notre société, parce que nous sommes connectés à un groupe plus large, nous en subissons également les conséquences. Le karma collectif peut être considéré comme la résultante karmique du macrocosme de notre monde dans son ensemble.

Mandala

Objet spirituel de dévotion et de concentration, et symbole d'illumination. Dans les traditions japonaises, les mandalas se présentent souvent sous forme de parchemin et représentent des bouddhas, des bodhisattvas, les différents états de conscience des êtres vivants, et d'autres symboles doctrinaux. (Voir aussi : *Gohonzon*).

Mantra

Mantra en sanskrit signifie « instrument de pensée ». Les mantras sont généralement de brefs mots ou phrases répétés, récités ou scandés (comme *Nam-myoho-renge-kyo*) qui peuvent être utilisés comme une forme de méditation ou d'activation de l'esprit et de l'âme.

Nature de Bouddha ou « grand Soi »

Le bouddhisme de Nichiren considère que tout le monde possède en soi une nature de bouddha ou « grand Soi » (en opposition au « petit ego ») qui permet d'atteindre l'état de bouddha au potentiel illimité. La nature de bouddha est également l'état et la condition de vie manifeste d'un bouddha.

Neuf consciences

Neuf sortes de discernement. Le terme « conscience » vient du sanskrit *vijnana* qui signifie « discernement ». Les cinq premières consciences correspondent aux cinq sens : la conscience visuelle, la conscience auditive, la conscience olfactive, la conscience gustative, la conscience tactile.

La sixième conscience intègre la perception des cinq sens en images cohérentes et évalue le monde extérieur. La septième conscience, à la différence des six premières, qui concernent le monde extérieur, s'attache au monde spirituel intérieur. La conscience de soi et l'attachement au Soi auraient leur origine en elle, tout comme la capacité à distinguer le bien et le mal. (Voir aussi : petit ego et grand Soi).
La huitième conscience, également connue sous le nom de conscience *alaya*, se trouve à un niveau plus profond que la conscience. Toutes les expériences des vies présentes et passées, le karma, y sont emmagasinées. C'est donc elle qui forme la structure d'une existence individuelle. (Voir aussi : *alaya*.)
La neuvième conscience, également connue sous le nom d'*amala*, est située à un niveau encore plus profond que la huitième conscience ; exempte de toute impureté karmique, elle est définie comme la base de toutes les fonctions spirituelles et correspond à la véritable entité de la vie, de toutes les fonctions de la vie.
Nichiren fait du *Gohonzon* la personnification de la conscience *amala*, ou la réalité ultime de l'état de Bouddha. (Voir aussi : *amala*.)

Nœuds karmiques

Les nœuds karmiques sont des comportements et attitudes habituels ou subconscients que l'on se sent obligé de répéter, ou qui se répètent malgré notre volonté.

Non-dualité de la vie et de son environnement

Ce principe bouddhiste enseigne que lorsque nous changeons, notre environnement change en même temps. Il illustre le fait que la séparation entre soi-même et son environnement est une illusion : notre vie intérieure et notre monde extérieur sont une seule et même chose. Notre environnement, y compris professionnel, familial et amical, est le reflet de notre état intérieur. Ce principe révèle que la vie et son environnement, bien qu'étant deux phénomènes apparemment distincts, sont essentiellement en non-dualité ; ce sont deux phases intégrantes d'une réalité unique.

Petit ego

Le petit ego est un sens étriqué du Soi qui ne peut ressentir d'empathie ou de compassion. C'est l'ego qui peut nous asservir à des désirs égoïstes et causer de la souffrance pour nous-mêmes et les autres.

Phénix

Contre toute attente, symbole de transformation positive. Dans la mythologie classique, le phénix est un oiseau unique qui, après des centaines d'années de vie, se consume complètement mais renaît de ses cendres, et en ressort éternellement plus fort, sage et puissant.

Le principe d'origine interdépendante

« Nul homme n'est une île », a écrit le poète John Donne. Le principe d'origine interdépendante ou de production conditionnée est une doctrine bouddhiste qui exprime l'interdépendance de toutes choses. Aucun être ou phénomène n'existe par lui-même : ils existent ou se produisent en raison de leur inclusion mutuelle. En d'autres termes, rien ne peut exister indépendamment ou de manière isolée. En reconnaissant notre lien inné avec tous les êtres et toutes les situations, nous sommes incités à la compassion.

Quatre nobles vérités

Doctrine fondamentale du bouddhisme qui clarifie la véritable cause de la souffrance et la voie de l'émancipation et de la liberté totale. Les quatre nobles vérités sont : 1) la vérité de la souffrance, à savoir que toute vie est souffrance ; 2) la vérité sur l'origine de la souffrance, qui est le désir égoïste ; 3) la vérité de la cessation de la souffrance, soit l'extinction de l'envie égoïste qui permet d'atteindre un état de bonheur total ; 4) la vérité sur le chemin vers la cessation des souffrances.

Récitation

La récitation de *Daimoku* (titre) est la base de la pratique du bouddhisme de Nichiren. Cette prière à voix haute consiste à répéter le mantra *Nam-myoho-renge-kyo*.

Révolution humaine

Processus de transformation positive du caractère d'une personne qui consiste à rompre avec les chaînes du « petit moi » centré sur l'ego. Au cours de ce processus, on révèle son « grand Soi », en expérimentant une transformation intérieure faite de grande compassion et d'une joie profonde, pour notre bonheur, celui des autres et, en fin de compte, de tous les êtres vivants.

La Roue de la Loi

Terme désignant les enseignements du bouddhisme. La prédication d'un Bouddha est souvent comparée dans les écritures bouddhistes à « tourner la Roue de la Loi ». Dans le bouddhisme de Nichiren, la Loi fait référence à la Loi mystique de cause et effet, ou *Nam-myoho-renge-kyo*.

Sangha

Communauté de bouddhistes.

Shogun

Dans le Japon prémoderne, les shoguns étaient les chefs militaires suprêmes du Japon, dont le titre était attribué par l'empereur. De 1603 à 1868, le Japon a été gouverné par une série shoguns connus sous le nom de shogunat Tokugawa. Ils contrôlaient la politique étrangère et l'armée et constituaient le groupe le plus important de la société japonaise, disposant des plus grands pouvoirs.

Shogunat

Le shogunat désigne le système de gouvernement d'une dictature militaire féodale, exercée au nom du shogun par le shogun lui-même.

Soka Gakkai International (SGI)

Réseau bouddhiste laïc des pratiquants du bouddhisme de Nichiren. La SGI compte des membres dans 192 pays et territoires. Elle promeut les échanges culturels, l'éducation et la paix par le biais de la transformation personnelle et de la contribution sociale. En japonais, *Soka Gakkai* signifie « société pour la création de valeurs ».

Sûtra

Mot sanskrit signifiant « fil », le *sûtra* désigne les recueils d'enseignements bouddhistes.

Sûtra du Lotus

Le *Sûtra du Lotus* est un texte considéré comme contenant l'ultime enseignement du Bouddha Shakyamuni. Son essence est son titre, Nam-myoho-renge-kyo, dont la récitation peut ouvrir à tous la porte de l'illumination. Également appelé *Sûtra du Lotus de la Loi Merveilleuse* ou *Sûtra du Lotus blanc du vrai Dharma*, le *Sûtra du Lotus* est une traduction chinoise du sanskrit *Saddharmapundarīkasūtra*, compilé par l'érudit bouddhiste Kumarajiva en 406. Il se compose de huit volumes et de vingt-huit chapitres. (Voir aussi : Bouddhisme, Nichiren.)

Les trois poisons

L'avidité, la colère et l'ignorance. Le bouddhisme enseigne que les trois poisons sont les maux fondamentaux inhérents à la vie, qui donnent naissance à la souffrance humaine. Aussi considérés comme la source de toutes les illusions et de tous les désirs terrestres, ils polluent la vie des êtres. Ils sont également la cause profonde des trois calamités : la famine provoquée par l'avidité ; la guerre provoquée par la colère et l'ignorance par les épidémies.

À propos des auteurs

TINA TURNER

Tina Turner, née Anna Mae Bullock, est une chanteuse, danseuse et actrice aux soixante années de carrière. Icône planétaire, elle a vendu plus de 200 millions d'albums, et plus de billets de concert que n'importe quelle artiste solo dans l'histoire. En privé, Tina est très attachée à la spiritualité et elle s'est donné pour mission d'encourager son prochain, forte des épreuves qu'elle a surmontées au cours de son existence. Depuis plus de trois décennies, elle a fait de ses expériences une source de conseils pour sa famille et ses amis, afin qu'eux aussi trouvent la voie du bonheur. Cet ouvrage est, pour elle, l'occasion rêvée de partager l'histoire de son voyage spirituel, dans un souci purement altruiste. Sa carrière légendaire achevée, Tina a pris sa retraite avec bonheur, et réside en Suisse avec son mari et unique amour depuis trente-quatre ans, Erwin Bach. Ses mémoires, *Autobiographie* (HarperCollins, 2019) ont été un best-seller international.

tinaturnerofficial.com • Instagram : @tinaturner • Facebook.com/tinaturner • tina-turner.rocks

REGULA CURTI

Regula Curti est une musicienne multifacette, musicothérapeute, enseignante et fondatrice de la Seeschau House of Sacred Arts au lac de Zurich. Elle est la force entrepreneuriale et créative de *Beyond Music*, plateforme numérique mondiale qu'elle a fondée en 2007. Titulaire d'un master en arts et musicothérapie, Regula est un chantre du pouvoir de guérison et d'unification de la musique. *Beyond Music* encourage la collaboration entre chanteurs et musiciens d'horizons différents afin de promouvoir la paix et la tolérance. Elle a produit quatre albums interconfessionnels à succès, récompensés par des disques d'or et de platine, notamment en collaborant avec Tina sur *Buddhist and Christian Prayers, Children, Love Within* et *Awakening*. Elle réside en Suisse avec Beat Curti, son cher mari depuis près de trois décennies, et cofondateur de la *Beyond Foundation*.

beyond-foundation.org • Instagram : @regula.curti • Facebook.com/beyond

TARO GOLD

Taro Gold est l'auteur de sept livres à succès, dont l'un des ouvrages d'inspirations préférés de *Tina, Living Wabi Sabi : The True Beauty of Your Life*, et d'autres best-sellers tels que *The Tao of Mom, The Tao of Dad, What Is Love ?* et *Ouvrez votre esprit à la vie* (ADA éditions, 2008). Il a beaucoup écrit pour des publications bouddhistes, notamment le journal *World Tribune* et le magazine *Living Buddhism*. Dans sa jeunesse, Taro a joué dans la première compagnie de la tournée américaine d'*Evita* et dans d'autres comédies musicales de Broadway, notamment *Falsettos* et *Peter Pan*. Ayant passé une grande partie de sa vie à l'étranger, il a développé une vision du monde très cosmopolite. Il a voyagé dans plus de quarante pays et a vécu en Australie, en Espagne et au Japon, où il fut le premier Américain diplômé de l'université Soka de Tokyo. Taro vit aux États-Unis avec son meilleur ami depuis vingt-cinq ans – son mari, Wendell Brown – et leur lévrier italien adoré, Magic.

tarogold.com • Twitter: @tarogold • Instagram : @tarogold

Bibliographie

CARTER Lawrence Edward, Sr., *A Baptist Preacher's Buddhist Teacher. How My Interfaith Journey With Daisaku Ikeda Made Me a Better Christian,* Santa Monica, Middleway Press, 2018.

CAUSTON Richard, *The Buddha in Daily Life,* London, Rider, 1995.

DERBOLAV Josef et Daisaku IKEDA, *Search for a New Humanity,* London, I.B. Tauris, 2008.

GOLD Taro, *Living Wabi Sabi: The True Beauty of Your Life,* Kansas City, Andrews McMeel Publishing, 2004.

HANCOCK Herbie (avec Lisa DICKEY), *Possibilities,* New York, Penguin, 2014.

HAWKING Stephen, *Brèves réponses aux grandes questions,* Paris, Odile Jacob, 2018 (Traduction de Tania de Loewe).

HOCHSWENDER Woody, Greg MARTIN et Ted MORINO, *Le Bouddha dans votre miroir. Bouddhisme au quotidien et recherche de soi,* Paris, L'Harmattan, 2008.

IKEDA Daisaku, *Le Cycle de la vie : Perspective bouddhique,* Paris, L'Harmattan, 2006 (Traduit de l'anglais pas Marc Tardieu).

JAMMER Max, *Einstein and Religion: Physics and Theology*, Princeton, Princeton University Press, 1999.

KING Martin Luther, Jr., *La Révolution non violente*, Paris, Petite Bibliothèque Payot, 2006 (Traduit de l'anglais par Odile Pidoux).

MERCER Michelle, *Footprints: The Life & Work of Wayne Shorter*, New York, Penguin, 2007.

RICARD Matthieu et Trinh XUAN THUAN, *L'Infini dans la paume de la main. Le Moine et l'Astrophysicien*, Paris, Pocket, 2002.

SHORTER Wayne, Herbie HANCOCK et Daisaku IKEDA, *Jazz, bouddhisme et joie de vivre*, Acep, 2019.

TURNER Tina et Kurt LODER, *Moi, Tina*, Paris, Carrère, 1987.

TURNER Tina, Deborah DAVIS et Dominik WICHMANN, *Autobiographie*, Paris, HarperCollins, 2019 (Traduit de l'anglais par Pierre-Paul Durastanti).

TYSON Neil deGrasse et Donald GOLDSMITH, *Origins*, New York, W. W. Norton, 2005.

Le Sûtra du Lotus, Paris, Fayard, 1997 (Traduit du chinois par Jean-Noël Robert).

Conception graphique : Béryl Walther
Relecture : Magali Bertrand
Fabrication : Catherine Labrousse

ISBN papier : 978-2-38035-343-3
ISBN numérique : 978-2-38035-342-6

Achevé d'imprimer en septembre 2021
dans les ateliers de Normandie Roto Impression s.a.s.
61250 Lonrai
N° d'impression : 2104797

Imprimé en France